人口老龄化对财政可持续性的影响研究

张利娅　著

中国财经出版传媒集团
中国财政经济出版社

图书在版编目（CIP）数据

人口老龄化对财政可持续性的影响研究 / 张利娅著. -- 北京：中国财政经济出版社，2022.9

ISBN 978-7-5223-1656-7

Ⅰ.①人… Ⅱ.①张… Ⅲ.①人口老龄化-影响-国家财政-可持续性发展-研究-中国 Ⅳ.①F812

中国版本图书馆 CIP 数据核字（2022）第 152743 号

责任编辑：高文欣　　责任印制：史大鹏

封面设计：卜建辰　　责任校对：徐艳丽

中国财政经济出版社 出版

URL：http：//www.cfeph.cn

E-mail：cfeph@cfeph.cn

社址：北京市海淀区阜成路甲 28 号　邮政编码：100142

营销中心电话：010-88191522

天猫网店：中国财政经济出版社旗舰店

网址：https：//zgczjjcbs.tmall.com

北京财经印刷厂印刷　各地新华书店经销

成品尺寸：170mm×240mm　16 开　12.25 印张　160 000 字

2022 年 9 月第 1 版　2022 年 9 月北京第 1 次印刷

定价：68.00 元

ISBN 978-7-5223-1656-7

（图书出现印装问题，本社负责调换，电话：010-88190548）

本社质量投诉电话：010-88190744

打击盗版举报热线：010-88191661　QQ：2242791300

前　言

人口老龄化是人类社会经济发展和社会进步的必然产物，现已成为世界各国人口发展的共同趋势，也是世界各国面临的共同难题。自2000年进入老龄化社会以来，我国的人口老龄化呈快速发展趋势。目前，我国已成为世界上老年人口数量最多的国家，也是老龄化速度最快的国家之一。并且，我国即将进入人口老龄化的加速期，持续加速的人口老龄化是未来我国人口结构演变的主要趋势。与此同时，我国的人口老龄化还呈现出“未富先老”和“未备先老”的特点，这使得我国面临的人口老龄化形势更为严峻。人口老龄化的到来，引发了我国社会深层次的调整和变革，其对经济的影响必然会波及到公共财政系统，从而对政府财政可持续性产生深远影响。因此，在人口老龄化背景下，有必要对人口老龄化与财政可持续性的关系进行深入研究，这对于提升政府财政可持续性和贯彻落实积极应对人口老龄化的国家战略有重要意义。

通过对国内外已有研究的梳理发现，国外关于人口老龄化与财政可持续性关系的研究较多，且主要集中在对人口老龄化背景下各国政府财政可持续性的评估、分析并预测人口老龄化对财政可持续性的影响以及政策模拟方面；国内关于人口老龄化与财政可持续性关系的研究较少，且主要是从财政收支的某一方面来探讨人口老龄化对财政可持续性的影响，缺乏对人口老龄化影响财政可持续性作用机制的全面梳理和实证检验。因此，本书在现有研究的基础上，采用多种分析方法，着重分析人口老龄化影响财政可持续性的作用机制，完成了如下研究内容：

第一章是导论，介绍本研究的选题背景和研究意义，并对国内外关于财政可持续性研究以及人口老龄化与财政可持续性关系的相关研究进行系统梳理和文献述评。最后，从本书的研究思路出发，总结本书的主要研究内容、研究方法、创新点和不足之处。

第二章阐述人口老龄化影响财政可持续性的理论基础。首先，详细阐述人口老龄化的内涵，指出人口老龄化是由人口年龄结构变动引起的人口群体的老龄化，实质上是一个人口结构问题，进一步地在确定老年人起点年龄的基础上确定人口老龄化的衡量指标。其次，在梳理财政可持续性内涵动态变化的基础上界定财政可持续性的内涵，并对财政可持续性的评估方法进行了全面梳理。最后，从理论上分析了人口老龄化对财政可持续性的影响，指出人口老龄化对公共财政的影响是双方面的，人口老龄化会加剧财政收支失衡，从而对财政可持续性产生不利影响。

第三章分析我国人口老龄化和财政可持续性的现状。通过相关数据分析发现，我国的人口老龄化呈现出一定的特殊性，老年人口众多且增长快，高龄化严重，各地区之间发展不均衡等，并且持续加速的人口老龄化是未来我国人口结构演变的主要趋势。同时，从财政平衡、政府债务以及财政与经济的关系三个角度对我国政府的财政可持续性状况进行综合评价，结果发现从总体来看，我国政府的财政可持续性状况不容乐观。最后，分析人口老龄化对我国政府财政可持续性的冲击和挑战，指出人口老龄化不仅会增加政府的支出责任和支出压力，还会导致税基缩减，财政收入减少。因此，人口老龄化会加剧政府的财政收支矛盾，从而不利于政府财政的可持续发展。

第四章对我国政府的财政可持续性进行检验和测算。首先，确定基于财政反应函数检验和测算政府财政可持续性的分析框架，理清政府债务上限的决定机制。其次，基于财政反应函数对我国政府的财政可持续性进行检验，结果发现目前我国政府尚未建立起基本财政盈余对政府债务的正向反馈机制，并且在财政调整过程中存在明显的财政疲劳现象。最后，基于财政反应函数的估计结果对我国政府的财政可持续性进行测算，结果发现目前我国大部分省份的政府债务水平仍有提升的空间，政府财政基本处于可持续状态，但总体呈下降趋势。此外，不同省份和地区的财政可持续状况存在较大差异：财政可持续性状况较好的省份主要集中在经济较为发达、且财力较为充足的东部地区，而财政可持续性状况较弱的省份主要集中在经济相对落后、且财力较为匮乏的西部地区。

第五章对人口老龄化影响财政可持续性的中介效应进行实证分析。首先，从劳动供给、居民消费和社会保险三个方面详细阐述人口老龄化影响财政可持续性的作用机制。其次，利用面板回归模型实证检验人口老龄化对财政可持续性的影响，结果发现人口老龄化会对财政可持续性产生显著的负向影响，这一结论在替换核心解释变量、对各变量进行缩尾处理或是剔除直辖市样本之后仍然成立；同时，对不同区域的分样本回归结果显示，人口老龄化对财政可持续性的负向影响在东部地区较弱，在中部地区较强，在西部地区不显著。最后，基于中介效应模型对人口老龄化影响财政可持续性的路径进行实证检验，结果发现人口老龄化会通过降低劳动力供给、降低劳动生产率、降低居民消费水平、改变居民消费结构、加剧基本养老保险基金失衡和加剧基本医疗保险基金失衡等多种途径来对政府财政可持续性产生负向影响。因此，政府在提升财政可持续性时需要一种综合策略，需要各种政策、手段协调配合才能达到最好的效果。

第六章对人口老龄化影响财政可持续性的门槛效应进行实证分析，通过构建面板门槛模型，分析人口老龄化与财政可持续性之间的非线性关系。当以人口老龄化为门槛变量时，单一门槛效应显著，门槛估计结果显示人口老龄化对政府财政可持续性的影响存在明显的非线性特征，即随着人口老龄化程度的不断加深，人口老龄化对政府财政可持续性的负向影响将逐渐增大；当以经济发展水平为门槛变量时，三重门槛效应显著，门槛估计结果显示人口老龄化对政府财政可持续性的影响存在明显的非线性特征，即随着经济发展水平的不断提高，人口老龄化对财政可持续性的负向影响将逐渐减小。并且，以上结论在更换核心解释变量后仍是稳健的。

第七章是在前文分析的基础上，提出人口老龄化背景下提升政府财政可持续性的政策建议。一是要调整人口政策，鼓励生育，完善相关配套措施，提高生育率，改善人口结构，减缓老龄化进程。二是通过提高劳动参与率、扩大劳动供给、加大人力资本投资力度和提高劳动生产率来弱化人口老龄化通过劳动供给途径对政府财政可持续性带来的不利影响。三是通过激发居民消费潜力、提高居民消费水平、改善居民消费结构和促进居民消费升级来强化居民消费在促进财政可持续发展过程中的积极效应。四是要完善养老保险体系和医疗保险体系等社会保险体系，在满足居民养老、医疗服务需求的同时，减轻政府的财政负担。

本书从多个角度考察了人口老龄化对财政可持续性的作用机制，并提出了人口老龄化背景下提升政府财政可持续性的相关政策建议。然而，受个人能力、研究方法和相关数据资料等主客观因素的限制，本研究仍存在一些尚未解决的问题，有待在后续研究中加以完善。最后，希望本书能够引发社会各界对财政可持续性问题的关注，特别是对人口老龄化加速背景下的财政可持续性问题的关注，希望社会各界共同努力，推动对财政可持续性问题的研究。

目　录

人口老龄化对财政可持续性的影响研究

Chapter 1

第一章 导　论

第一节　研究背景与意义

一、研究背景

改革开放以来，我国的社会经济呈快速发展趋势，不仅人民生活水平得以全面提升，医疗技术水平也在不断提高，这使得我国的人口死亡率在不断下降，人均预期寿命在不断延长；同时受计划生育政策和生育观念改变等因素的影响，我国的人口出生率在不断下降。在这种变化趋势下，我国老年人口占比不断提高，并在2000年超过了7%的国际标准，自此我国进入了人口老龄化社会。目前我国已成为世界上老年人口数量最多的国家，也是老龄化速度最快的国家之一。最新统计数据显示，2021年，我国65岁及以上老年人口达到20059万人，占总人口的比重为14.2%，占世界老年人口比重为26.84%，位居世界第一。[①] 联合国的最新预测数据显示，我国即将进入人口老龄化的加速期，老年人口将以快于现在的速度增长，导致我国老年人口数量会在2060年翻一番，达到其峰值3.98亿人，占总人口的比重将达到29.83%，并在2060年后将长期保持相对高位。[②] 因此，持续加速的人口老龄化是未来我国人口结构演变的主要趋势，也是我国长期面临的难题。与此同时，我国的人口老龄化还呈现出“未富先老”和“未备先老”的特点，人口老龄化进程伴随着经济增长减缓，人口老龄化速度不仅与经济发展水平相脱节，还与社会保障水平相脱节，这使得我国面临的人口老龄化形势更为严峻。为了解决这一问题，党中央一直强调要贯彻落实积极应对人口老龄化的国家战略，加快建立健全相关政策体系和制度框架。财政作为国家治理的基础和重

① 数据来源：国家统计局和快易数据网。

② 数据来源：《联合国人口展望（2019）》。

要支柱，其可持续性是政府积极应对人口老龄化的重要保障。一般来说，市场并不能完全解决人口老龄化所带来的问题，并不能完全满足老年人对养老保险、医疗保险和养老服务等相关产品的需求，需要政府积极发挥公共职能，给予一定的支持和帮助，例如，安排更多的财政支出在养老、医疗等相关领域，来配合市场解决人口老龄化带来的问题。所以说，财政可持续是政府积极应对人口老龄化问题的重要保障。

然而，人口老龄化社会的到来，引发了我国经济社会深层次的调整和变革，其对社会经济的影响必然会波及公共财政系统，从而对政府财政可持续性产生深远影响。根据以往的研究可知，学者们普遍认为人口老龄化会对政府财政可持续性产生负向影响，但对于这个影响过程中的传导路径和作用机制并没有梳理清楚，缺乏相应的实证检验和经验证据。由于人口老龄化对社会经济的影响是多方面的，因此其对财政可持续性的影响会受到多种因素的影响。那么，现阶段人口老龄化会给政府财政可持续性带来哪些冲击和挑战？人口老龄化会如何影响政府财政可持续性？影响路径有哪些？这些都是在人口老龄化背景下，保持和增强政府财政可持续性需要关注的问题。因此，在人口老龄化日益严峻的背景下，对人口老龄化如何影响政府财政可持续性这一问题进行深入研究具有非常重要的理论意义和实践意义。

二、研究意义

（一）理论意义

第一，充实了财政可持续性理论。目前国内学者关于财政可持续性的研究大多是基于指标分析和协整检验等，较少文献从财政反应函数的角度来对财政可持续性进行测算。本研究基于 Ostry 等（2010）、Ghosh 等（2013）提出的分析框架，从政府的财政反应函数出发，结合政府债务的动态方程，在确定政府债务上限的基础上对我国政府的财政可持续性程度进行测算、评价与分析，这对于丰富财政可持续性理论有一定的理论意义。

第二，丰富了人口老龄化的理论研究。近年来，国内学者关于人口老龄化问题的研究主要聚焦于其对经济增长、居民消费、社会保障、产业结构升级等的影响，对人口老龄化与财政可持续性的关系研究不多。因此，本研究首先从理论层面分析了人口老龄化对财政可持续性的影响，然后基于我国省级面板数据实证检验了人口老龄化对财政可持续性的影响效应和作用机制，这有助于深入剖析和理解两者之间的内在关系。

（二）现实意义

人口老龄化是关系到国家长治久安和国计民生的重大社会问题与经济问题。目前，我国的人口老龄化程度不断加深，若不能得到有效处理，将会对我国社会经济的可持续发展带来严峻挑战。本研究通过理论分析和实证研究，归纳总结出人口老龄化会通过劳动供给渠道、居民消费渠道和社会保险等渠道对政府财政可持续性产生影响。结合近年来我国人口年龄结构的转变，从人口老龄化角度解读政府财政可持续性减弱的原因。此外，本研究还探讨了不同省份和地区之间人口老龄化程度、财政可持续性状况、人口老龄化对财政可持续性影响的地区差异，这样有助于全面地认识人口老龄化对财政可持续性的影响，从而为我国积极应对人口老龄化和增强政府财政可持续性提供定量证据与政策思路。本研究最后提出的一些有针对性的政策建议，既有助于提升政府财政可持续性，促进政府财政的可持续发展；也有助于落实积极应对人口老龄化战略，改变现有的“未富先老”及“未备先老”尴尬局面。因此，本研究对于提升政府财政可持续性、解决人口老龄化问题具有十分重要的现实意义。

第二节　文献综述

一、财政可持续性研究

（一）财政可持续性的内涵

财政可持续性的概念由比特（Buiter，1985）首次提出，其认为财政可持续性是对政府财政存续状态的一种衡量，而这种存续状态主要由政府的偿债能力来决定的。当一个国家或地区的政府债务负担与其财政收入总量相匹配，政府具有偿债能力时，财政是可持续的；当一个国家或地区的政府债务负担与其财政收入总量不匹配，政府无力偿还债务时，就只能宣告破产，那么财政就是不可持续的。布兰查德（Blanchard，1990）在此基础上提出，财政可持续性研究的是一个国家或地区的政府债务余额是否累积过高的问题，认为只要一个国家或地区的政府债务负担率能收敛到其最初水平，那么该国家或地区的财政就是可持续的；如果这一条件得不到满足，那么相应地该国家或地区的财政是不可持续的。由此可见，对于国债问题的关注和政府偿债能力的研究是学术界对财政可持续性认识的开始。国内学者张春霖（2000）、洪源和李礼（2006）、邓晓兰等（2013）、朱军和聂群（2014）和孙正（2017）等也从政府偿债的角度给出了财政可持续性的定义，认为政府的财政可持续性与其偿债能力息息相关，如果一个国家或地区的政府具有偿债能力，不会产生违约的行为，那么该国家或地区的政府财政就具有可持续性；相反，如果一个国家或地区的政府没有偿债能力，且很有可能出现违约行为，那么该国家或地区的政府财政就不具有可持续性。陈建奇（2012）进一步提出政府债务负担率有界是政府财政可持续的前提条件。除了从政府债务角度对财政可持续性进行定义之外，学者们还从财政平衡、财政稳定等多种角度来进行定义。余永定（2000）提出如果一个国家或地区的政府能在长期内保持财政平衡或财政稳定，那么该国家或地区的财政就是可持续的。一般来说，政府可以通过两种渠道来促使财政保持平衡和恢复稳定：一是通过发行政府债务来为财政赤字融资，从而达到财政平衡和财政稳定的目的；二是利用经济社会中各宏观变量之间的相互作用来实现。亚当斯等（Adams et al.，2010）根据所关注的财政平衡问题期限的不同将财政可持续性划分为静态财政可持续性和动态财政可持续性两种。其中，前者主要关注政府短期财政收支平衡问题；与之相反，后者主要关注的是政府长期财政收支平衡问题。同时他还强调政府不能通过过度发行货币和过度发行债务来维持财政平衡。杨宇和沈坤荣（2011）、孙正（2017）、陈治（2017）提出财政可持续性是一个长期概念，主要体现在财政运行的可持续，即财政收入足以应付其各项支出，不会出现无力偿付的情况。由此可见，学者们比较重视对财政可持续性问题的研究，但对于其概念的界定不同的学者有不同的意见，各自的侧重点和理解的角度会略有不同。

（二）财政可持续性的评估方法

1. 指标分析法

指标分析法是最古老、最简单和最常用的财政可持续性评估方法。多马（Domar，1944）提出了最优政府债务负担理论，在该理论指导下，他提出了判定政府财政可持续性的条件，即看政府债务负担率是否能够收敛到其最优债务负担率水平上。Domar（1944）进一步提出如果一个国家或地区的名义国内（地区）生产总值增长率快于其政府未偿债务的名义增长率，那么该国家或地区未来的政府债务负担率将是收敛的，这就表明该国家或地区的财政是可持续的。但Domar（1944）所提出的财政可持续性条件也有缺陷，其政策意义比较模糊，且在现实中不具有可行性。比特（Buiter，1985）对该理论进行了扩展，认为一个可持续的公共债务应当保持政府净资产在当前水平，并把满足该条件的财政赤字水平与当期财政赤字水平的差额作为评定政府财政可持续性的衡量指标，通常被称为 Buiter 指数。如果 Buiter 指数为正数，则说明政府财政是可持续的，反之则是不可持续的。与 Domar（1944）提出的可持续性条件相比，Buiter（1985）提出的财政可持续性指标无论是在理论含义方面，还是在政策指导方面都有明显的改进，但同时也存在明显的缺陷：一是不能确定或难以确定反映政府偿债能力的政府净资产规模；二是政府净资产规模维持不变并不是保证政府债务可持续的充分条件。

Blanchard（1990）在 Buiter（1985）的基础上进行了简化，提出了基本预算缺口指标和税收缺口指标，并且这两个指标更具有可操作性。基本预算缺口指标指出了政府在维持政府财政可持续性时的赤字缩减需求；税收缺口指标指出了政府在维持政府财政可持续性时的税收增加需求。虽然采取的方式不同，但最终的目的是相同的。除了 Blanchard（1990）提出的基本预算缺口指标和税收缺口指标之外，Auerbach 等（2004）和 Giammarioli 等（2007）采用类似的方法分别提出了“财政缺口指标”和“融资缺口指标”。由于这些缺口指标较为灵活和直观，能够直接反映政府当前的财政收支状况与财政可持续性水平的偏离程度，因此经常被各国学者用来作为判定政府财政可持续性的评价指标。

Yanagita 和 Hutahaean（2002）依据 Domar（1944）的最优政府债务负担理论，提出了财政可持续性指数（Index of Fiscal Sustainability，缩写为 IFS 指数），其等于政府债务的年增长率与名义经济增长率的差额，反映了政府债务和经济增长的动态变化。如果 IFS 指数小于零，则表明政府财政是可持续的；反之则不可持续。Mendoza（2004）提出了“自然债务限度”的新概念，并在此基础上将政府实际债务负担率与其之间的差额作为评定政府财政可持续性的指标，如果两者的差额为负值，则表明政府财政是可持续的；相反，如果两者的差额为正值，则表明政府财政是不可持续的。也有学者直接将政府债务负担率、财政赤字率等作为财政可持续性的衡量指标，例如郭庆旺和赵志耘（2002）、魏瑾瑞（2018）、刘建国和孙勤英（2019）、张学诞（2020）等。随着财政可持续性外延的不断扩大，还有部分学者将财政收支、财政赤字以及经济发展等多种因素综合考虑，通过设立综合指标评价体系来判断政府的财政可持续性，如张新平（2000）、付春香（2010）、刘富华和吴近平（2020）、刘建民等（2021）分别基于不同的维度和指标构建了财政可持续性的综合评价指标体系。

综上所述，上述各种财政可持续性指标的理论含义简单且直观，在实践中被广泛应用。一方面，各国学者运用这些指标对各国的财政可持续状况进行了考察与分析；另一方面，各国的政策制定者采用上述这些指标作为判断依据与控制目标。然而，指标分析法也存在明显的缺陷，即结论存在一定的主观性。虽然相比于单一指标，财政可持续性评价指标体系的综合性更强，但也存在一定的局限性，例如仅从线性的角度和静态的角度来对财政可持续性进行测算，数据指标的完整性也受到了质疑。

2. 计量检验法

财政可持续性的计量检验法是以政府的跨期预算约束理论为起点，通过平稳性检验、协整检验和财政反应规则检验等计量方法检验政府的跨期预算约束条件是否成立，并以此来判断政府财政可持续性的一种评价方法。汉密尔顿和弗兰文（Hamilton 和 Flavin，1986）提出了平稳性检验方法，其认为如果政府的基本财政盈余或债务余额是平稳的，那么政府的跨期预算约束条件就可以得到满足，财政是可持续的。所以，Hamilton 和 Flavin（1986）将基本财政盈余或政府债务余额的平稳性作为评价政府财政可持续性的判定标准，并采用美国的数据进行了实证检验，结果发现美国的基本财政盈余序列和政府债务余额序列都是平稳的，因此判定美国的财政是可持续的。威尔科克斯（Wilcox，1989）同样采用美国数据进行了实证检验，与 Hamilton 和

Flavin（1986）的研究不同，Wilcox（1989）进一步放宽了约束条件，例如允许实际利率随机变动、允许偶然违反借贷约束等，结果得出美国的财政是不可持续的，与 Hamilton 和 Flavin（1986）的研究结论正好相反。之后随着非线性计量方法的发展，学者们开始关注财政可持续性检验中的结构突变问题，并采用带有结构突变的单位根检验方法来检验财政的可持续性。

协整检验是实证检验政府财政可持续性的第二种方法，最早由特雷汉和沃尔什（Trehan 和 Walsh，1988）提出，其认为如果政府的财政收入与财政支出之间存在明显的协整关系，那么政府的跨期预算约束条件就可以得到满足，就可以判断政府财政是可持续的。因此，Trehan 和 Walsh（1988）将政府财政收入是否与政府财政支出存在协整关系作为判定政府财政可持续性的重要标准。昆托斯（Quintos，1995）进一步拓展了该项研究，认为协整检验不仅可以用来判定政府财政可持续与否，还可以通过其长期回归系数的大小来判定政府财政可持续性的强弱。近年来，也有许多国内学者采用协整检验法对我国政府的财政可持续性进行实证检验，例如朱军和聂群（2014）、唐祥来和孔娇娇（2014）、邓晓兰和陈宝东（2017）等。此外，随着非线性计量方法的发展，有大量学者开始采用时变参数模型、带有结构突变的协整模型、门限协整模型和平滑迁移误差修正模型等非线性协整模型来检验各国财政的可持续性。例如，国内学者李美洲和韩兆洲（2007）采用两区制门限协整模型对我国的财政可持续性进行了检验；加布里埃尔和桑杜安（Gabriel 和 Sangduan，2011）提出一个马尔可夫转换协整方法来评估财政的长期可持续性；舍夫丘克和科皮奇（Shevchuk 和 Kopych，2018）、金春雨和王伟强（2016）则是采用时变参数模型对政府的财政可持续性进行了评估。相比于原有的线性协整检验方法，非线性检验方法更加灵活，更能揭示财政可持续变化的动态特征。

财政反应规则检验是实证检验政府财政可持续性的第三种方法。

伯恩（Bohn）认为协整检验方法中的相关假设条件过于严格，因此，其进一步放松了财政可持续性的检验条件，提出利用线性财政反应函数来检验政府的财政可持续性。Bohn（1995，1998）认为如果一个国家或地区的政府财政收支之间存在协整关系并不意味着政府跨期预算约束条件得到满足，只有当一个国家或地区的政府基本财政盈余率对其债务负担率的变化存在一个至少为线性的正向反应时，才可以认为政府跨期预算约束条件得到满足，财政是可持续的，而不管政府财政收支之间是否不存在协整关系。因此，Bohn（1995，1998）将政府的基本财政盈余率对债务负担率的回归系数（即财政反应系数）是否大于0作为判定政府财政可持续性的标准。然而，将财政反应函数模型设定为线性模型存在一定的不合理性，因为政府的财政调整能力会受到经济承受力等客观条件的限制，很有可能存在非线性特征。因此，奥斯特里等（Ostry et al.，2010）提出用非线性的财政反应函数来构建基本财政盈余率对政府债务负担率的回归模型，并在此基础上提出了“财政空间”（fiscal space）的概念。Ostry等（2010）认为政府的债务负担率存在一个合理区间，如果政府债务负担率超过了该合理区间的上限，那么政府债务将会无限发散，从而导致财政是不可持续的。为了保证政府债务负担率在合理区间内，当政府面临不断上升的债务负担率，可以通过增加基本财政盈余来应对这一变化，但这个过程中，政府进行财政调整的能力有限，因此，财政调整过程呈现出非线性特征。戈什等（Ghosh et al.，2013）进一步拓展了Ostry等（2010）的研究，其通过把财政反应函数设定为债务负担率三次函数的形式来拟合政府财政调整过程的非线性特征，并提出了“财政疲劳”（fiscal fatigue）概念。财政反应函数的提出在很大程度上推进了财政可持续性的研究，并为量化政府财政可持续性程度提供了思路，使得对财政可持续性的研究不再局限于判断政府财政是否可持续方面。

3. 其他分析方法

除了上述的指标分析法和计量检验法，财政可持续性的评估方法还有代际核算法、风险价值法等其他分析方法。奥尔巴赫等（Auerbach et al.，1991）首次提出代际核算法，并将其用于政府财政可持续性的评估。代际核算法是通过比较代际净税收负担来判断未来财政的可持续性，其常被用来分析社会保障制度改革对财政可持续性的影响。例如，Agulnik 等（2000）利用该方法分析了英国养老保险改革对其财政可持续性的影响，蒋云赟（2011）则是运用该方法分析了我国"新农保"制度改革对政府财政可持续性的影响。Xu 和 Ghezzi（2003）通过构建政府债务收益的期限模型来测定政府发生财政危机的概率，进而来判断政府的财政可持续性。Barnhill 和 Kopits（2003）采用风险价值法来评估政府净值，并以此来分析政府财政可持续性。这些方法与指标分析法和计量检验法相比，纳入了更多考虑因素，如代际公平、经济的不确定性、流动性问题等，但同时也使得模型更复杂化，因此，模型测算的准确性有待商榷。

（三）财政可持续性的影响因素

1. 财政因素

财政可持续性首先会受到财政自身因素的影响，学者们对此展开了大量研究。部分学者重点研究了转移支付对财政可持续性的影响。Potrafke（2015）提出财政均等化转移支付确实能够促进各州的财政可持续，但它们也为各州提供了增加政府支出的激励，最终可能会造成整个均等化计划在政策上不可持续。杜彤伟等（2019）探讨了财政纵向失衡和转移支付两方面因素对我国地方政府财政可持续性的影响，结果发现两者会产生相反效果，即财政纵向失衡会带来不利影响，而转移支付会带来有利影响；并且两者之间存在相互影响，转移支付对我国地方政府财政可持续性的影响会随着财政纵向失衡程度的加深而由负向影响转为正向影响。部分学者则是重点研究了财政规则和财政制度对财政可持续性的影响，Rose（2010）指出严格的不结转平衡预算规则能够成功地减少财政赤字，促进财政的可持续发展。Vlasov（2013）提出财政规则可以约束政策制定者的行为，有助于宏观经济稳定和长期财政可持续性。Aslanli（2015）在分析阿塞拜疆的财政可持续性问题时，发现在资源丰富的国家，财政规则有助于遏制支出压力和平滑收入波动，但它们远远不足以建立财政缓冲。Aldama和Creel（2017）基于马尔可夫转换模型检验了财政制度对财政可持续性的影响，结果发现长期财政可持续性不仅取决于财政政策规则制度的特定反馈系数，还取决于财政制度的平均期限。Aldama和Creel（2017）还提出全球财政可持续性不同于地方财政可持续性，其不仅取决于财政规则对不同财政制度下债务负担率的相对敏感性，也取决于两种财政制度的相对持续时间和持久性。Duncan等（2019）采用综合控制法对联邦预算过程进行了实证研究，发现联邦预算过程对财政可持续性的影响影响很小。还有部分学者重点研究了政府投资行为和政府竞争行为对财政可持续性的影响，Melina（2016）认为公共投资计划加上更多的借款可能会引发债务可持续性风险，尤其是在投资效率下降或未来资源收入下降的情况下。Abeysinghe（2019）持不同观点，认为必要的基础设施发展可能会在短期内增加债务负担，但从长期来看，当增长效应开始显现时，债务负担反而会降低。孙正等（2019）、杜彤伟等（2020）则分析了地方政府竞争对财政可持续性的影响，并得出了不同结论。孙正等（2019）认为地方政府的税收竞争行为和其所导致的产能过剩会显著改善地方政府的财政可持续性，且这种影响会因税种的不同而不同：各地方政府之间关于营业税的税收竞争行为并不会对地方政府的财政可持续性带来显著影响，但各地方政府之间关于增值税和企业所得税的税收竞争行为与产能过剩之间存在显著的互补关系，会明显增强产能过剩对地方政府财政可持续性的有利影响。然而，杜彤伟等（2020）认为地方政府竞争会显著地阻碍地方政府的财政可持续发展，并且土地财政和城投债会增强这种不利影响，而转移支付则会减弱这种不利影响。

2. 经济因素

财政系统作为社会经济体系的一个重要组成部分，除了受到自身因素的影响外，还会受到制度、经济等其他因素的影响。并且，经济因素发挥的作用不容忽视。因此，许多学者展开了对影响政府财政可持续发展的经济因素的研究。赵文哲等（2010）认为经济的非均衡发展会导致地方政府的财政竞争，从而导致地方政府的财政收支缺口过度增加，因此会不利于地方政府的财政可持续发展。张宁（2017）认为失业率、经济增长与波动会提高地方政府财政的脆弱度，进而会引发财政风险。刘孝斌和钟坚（2019）以财政赤字规模为门槛变量，分析了经济增长对政府财政可持续性的非线性影响，结果发现经济增长会对政府财政可持续性产生正向影响，且这种正向影响会随着财政赤字规模的变大而变大。邓达等（2021）分析了数字经济对政府财政可持续性的影响，认为数字经济发展会有利于增强政府的财政可持续性，并发现财政收入是数字经济发展影响地方财政可持续性的重要渠道。刘建民等（2021）进一步指出一个地区的数字经济发展会有利于增强本地地方政府的财政可持续性，而对邻地地方政府的财政可持续性则会产生显著的负向影响，存在明显的“虹吸效应”和“洼地效应”。并且，其还提出数字经济对地方政府财政可持续性的影响会因各地区创业活跃度或财政透明度的不同而不同。此外，也有较多学者探讨通货膨胀、金融周期等经济因素对财政可持续性的影响，如周茂荣和骆传朋（2006）、孙正（2017）、金成晓和李梦嘉（2019）、潘美丽（2020）、李丹和方红生（2021）等。其中，周茂荣和骆传朋（2006）认为通货膨胀会对增强政府财政可持续性产生有利影响。孙正（2017）基于信贷资金配置的种类结构和期限结构视角分析了信贷资金配置对财政可持续性影响的异质性，结果发现，从种类结构来看，建筑业信贷资金配置不会对地方政府财政的可持续发展产生显著影响，而房地产业信贷资金配置则会带来显著的正向影响；从期限结构来看，票据融资和长期信贷资金配置会显著促进地方政府财政的可持续发展，而短期信贷资金配置则会起到阻碍作用。

3. 其他影响因素

除了财政因素和经济因素之外，学术界对影响财政可持续性的人口、政治、环境等因素也进行了深入研究。这些因素包括：人口流动与财政可持续性（Manthei 和 Bernd，2018；孙正，2020）；政治体制与财政可持续性（Rose，2010；孙正，2017；沈雨婷，2019）；减税降费与财政可持续性（刘安长，2019；张学诞和李娜，2019；刘富华和吴近平，2020；邓晓兰等，2021；邓力平和陈丽，2021）；新冠肺炎疫情与财政可持续性（张德勇和刘家志，2020；吕冰洋和李钊，2020）等。

二、人口老龄化与财政可持续性关系研究

（一）人口老龄化背景下各国财政可持续性评估

在现有研究中，学者们对人口老龄化背景下各国政府的财政可持续性状况进行了评估。Park（2012）、Ma 和 Tran（2016）和 Heer 等（2020）基于财政空间的视角分析了人口老龄化对不同国家财政可持续性的影响，普遍认为人口老龄化会导致各国政府财政空间的明显缩小。Heer 等（2020）进一步指出在人口老龄化背景下，由于法国、意大利和西班牙等欧洲国家的养老金制度更为慷慨、老龄化程度更高、预计的老龄化速度也更快，因此这些欧洲国家的财政空间更小。Narayana（2014）、Braun 和 Joines（2015）分别对印度和日本的财政可持续性状况进行了评估，发现在人口老龄化背景下两国政府的财政政策不具有可持续性，需要及时调整。Bogetic 等（2015）对人口老龄化情况各不相同的若干国家的财政可持续性状况进行了研究，结果发现克罗地亚和塞尔维亚等国家由于人口老龄化程度较高，加上存在大量移民，因此，与老龄化有关的支出压力很大，面临严重的短期财政和公共债务问题；乌克兰、匈牙利和斯洛文尼亚等老年抚养比高和净移民的国家虽然移民状况往往更为有利，但也面临着公共债务不断上升所造成的严重财政问题；希腊、意大利、西班牙、葡萄牙等西欧国家长期面临公共债务问题，而老龄化所引起的财政压力又加剧了这

一问题，因此需要持续的财政整顿；俄罗斯和哈萨克斯坦等国家由于石油或其他资源丰富，政府的公共债务规模较小，因此，从短期来看，财政状况良好；土耳其等老年抚养比低和净外迁的国家人口较为年轻，与老龄化相关的支出压力至少在未来十年内不会凸显，但人口结构转型是不可避免的，因此需要谨慎对待老龄化问题和长期财政压力。Colin 和 Brys（2019）通过构建次中央政府对老龄化的财政脆弱性指标评估了 OECD 各国次中央政府受人口老龄化影响的程度，结果发现在人口老龄化的冲击下，法国等 OECD 国家次中央政府的财政脆弱性指标较低；而奥地利、意大利、西班牙、丹麦、芬兰、德国、瑞典和瑞士等 OECD 国家次中央政府的财政脆弱性指标较高。Honda 和 Miyamoto（2020）同样基于 OECD 国家的数据进行了研究，认为在人口老龄化时代，需要更大的财政刺激来支持衰退期间的总需求，因此需要更大的财政空间来允许财政状况的波动，这样才不会引起对政府财政可持续性的担忧。

由此可见，人口老龄化现已是世界各国共同面临的难题，也是未来世界人口发展的主要趋势。尽管不同国家的人口老龄化进程有所不同，但人口老龄化都不同程度地给各国政府的财政可持续性带来了极大的冲击。在快速老龄化和高老龄化的国家，人口老龄化已对政府财政可持续性构成了严重威胁；在人口相对年轻的国家，虽然与老龄化相关的财政压力还未完全显现，但人口结构转型是不可避免的，因此仍需谨慎对待。由此可见，随着人口老龄化时代的到来，人口老龄化已成为影响政府财政可持续性的重要因素。

（二）人口老龄化对财政可持续性的影响

1. 财政支出角度

现有文献中关于人口老龄化对财政可持续性影响的研究主要是从财政支出角度展开的。Minchung 和 Yamada（2019）认为人口老龄化对财政可持续性的直接影响首先表现在政府财政负担的迅速增加，这是因为在人口老龄化社会，随着老年人口的增多以及老年抚养比的提高，政府在医疗保健卫生、老年长期护理以及公共养老金等方面的支出会大幅增加，这将驱动财政支出的主要增长，从而引发人们对财政可持续性的担忧。Clements 等（2018）对多个国家 2015～2100 年的公共养老金和医疗保健支出进行了长期预测，结果发现如果不实施公共养老金和医疗保健制度改革，2015～2100 年较发达国家的公共养老金支出和医疗保健支出等与年龄相关的支出占国内生产总值的比重将从 16.5%增加到 25%，增加 8.5 个百分点；而较不发达国家的相关支出比重将从 5.6%增加到 17.5%，增加 11.9 个百分点，增长幅度更大。如此大规模的支出增长将会导致公共债务的急剧增加，从而引发严重的财政后果。Cho 和 Kim（2021）对韩国的与年龄相关的公共支出进行了预测，得出了相同的结论，认为人口老龄化所引起的与年龄相关的公共支出的迅速增长，在可预见的未来将危及政府财政的可持续发展。

随着人口老龄化程度的不断加深，社会保障体系的融资问题及其对财政可持续性的影响越来越受到学者们的关注。Afonso 和 Rault（2010）认为社会保障体系的现收现付制融资模式是人口老龄化危及财政可持续性的最重要原因。特别是欧洲各国普遍实施了福利国家制度，对公民的福利给予了广泛的承诺，然而人口老龄化的到来使得公共养老金计划资金不足问题进一步恶化，因此将危及政府的偿付能力。Oguro（2014）将日本政府债务负担率的增长也归因于人口老龄化导致的社会保障成本的快速膨胀，认为日本的长期财政赤字和社会保障融资密切相关。国内学者张天芳等（2006）、童玉芬和刘广俊（2008）、付伯颖（2008）、韩玲慧（2013）、黄春元（2015）、姚金海（2016）、裴育和史梦昱（2017）、杨爱云等（2017）同样认为人口的迅速老龄化以及由此导致的社会保障费用的增加将给政府带来巨大的融资压力。张鹏飞和苏畅（2017）进一步指出无论是人口老龄化，还是与社会保障支出都会显著增加政府的财政负担，且两者的交互项也存在显著的正向影响，表明两者在影响政府财政负担上存在明显的正向互补关系。张翕（2021）则是基于国际比较的视角提出人口老龄化对财政可持续性的影响始于社会保障体系，社会保障基金失衡及其财政化是人口老龄化时代的普遍规律。在此背景下，杨胜利和高向东（2012）通过模型设定和数据模拟测算了人口老龄化对社会保障制度财政可持续性的影响，测算结果均显示社会保障体系面临的老龄化压力会恶化政府的财政可持续状况。

2. 财政收入角度

人口老龄化对财政可持续性造成的压力不仅体现在公共支出需求的增加，还体现在财政收入的减少上。Park（2012）利用新古典增长模型分析了人口老龄化对政府创收能力的影响，认为人口老龄化会减弱政府的财政收入能力，从而对政府财政可持续性带来不利影响。Ma 和 Tran（2016）分析了人口因素对日本财政空间的影响，结果发现人口老龄化会使拉弗曲线向下移动，从而导致日本的财政空间显著收缩；进一步地，从分税种的角度来看，人口老龄化会导致日本资本税的财政空间缩小 65%，劳动所得税的财政空间缩小 38%，消费税的财政空间缩小 11%。然而，Dolls 等（2017）认为上述研究并没有考虑人口转变与劳动力市场之间的互动关系，如果减少的劳动力在同一时间接受了更好的教育，那么平均工资就会提高；另外，根据新古典主义经济理论可知，劳动力的短缺会导致平均工资增加，从而刺激劳动力供应。这就可能出现这样的局面：尽管人口减少，未来的税收收入可能会增加。因此，在评估人口结构变化对未来财政平衡影响时，考虑劳动力市场双方的反应是至关重要的。Dolls 等（2017）将欧盟 27 国 2030 年的人口预测与丰富的家庭层面数据联系起来，采用微观模拟方法模拟了人口变化的财政效应，结果发现在灵活的工资条件下，劳动力短缺会导致平均工资的强劲增长和就业的小幅增长，这两种情况加总在一起会显著减少财政收支状况的恶化。

国内学者从财政收入角度分析人口老龄化对财政可持续性的影响更多的是围绕税收制度展开的。吉尔克（2015）基于联合国人口预测数据，利用一个纳入各种税收的CGE模型模拟了不同税基选择下的经济增长路径，结果发现政府通过增加消费税，可以在一定程度上弱化人口老龄化对政府财政收入的消极影响。龚锋和余锦亮（2015）、魏瑾瑞等（2018）、齐红倩等（2021）则是从税收负担的角度研究了人口老龄化与财政可持续性之间的非线性关系。龚锋和余锦亮（2015）以老年人负担的商品税为切入点，通过理论模型推导和实证检验发现人口老龄化对政府财政可持续性的影响呈现出明显的“U”形特征，即人口老龄化对政府财政可持续性的影响会随着老年人负担的商品税的增加而由负向影响转为正向影响，因此，在人口老龄化社会，提高老年人负担的商品税会有利于提升政府的财政可持续性。魏瑾瑞等（2018）则是以老年人负担的所得税为门槛变量，实证检验了人口老龄化与财政可持续性关系中的非线性特征，结果发现随着老年人负担的所得税的增加，人口老龄化对政府财政可持续性的影响会由负向影响转为正向影响，并且这种非线性影响存在明显的地区差异。齐红倩等（2021）以间接税负为切入点，分析了人口结构与地方财政负担的非线性关系，结果发现人口结构与地方财政负担之间呈倒“U”形关系，即老年抚养比对地方财政负担的正向影响会随着间接税负水平的提高而减弱，甚至最后会转为负向影响，并且在这个过程中，家庭消费水平和家庭资源配置发挥了重要作用。

（三）人口老龄化背景下促进财政可持续发展的政策建议

随着人口老龄化程度的不断加深，其对财政可持续性的影响将不断增大，这将不利于各国政府财政的可持续发展，因此，各国政府需要采取一定的政策措施来确保人口老龄化背景下的公共财政可持续。为此，斯德哥尔摩欧洲理事会提出了一项三管齐下的战略：一是成员国应维持稳健的公共财政，快速降低公共债务水平，从而降低债务利息负担；二是需要进行全面的劳动力市场改革，提高就业率，以抵消人口发展对劳动供给的负面影响；三是许多成员国需要进一步改革养老金制度，以遏制公共财政压力。Castro等（2017）则是强调欧元区经济体之间可能需要进行政策协调，以避免老龄化趋势导致宏观经济失衡扩大和当前主权债务危机的恶化。此外，其还认为使用单一的政策工具会使政策变化远远超出现实水平而危及经济效率、财政可持续性和社会契约。因此，政府解决人口老龄化问题需要一套政策组合。Colin 和 Brys（2019）重点关注了中央政府和地方政府在应对人口老龄化方面的配合，提出为了使财政框架更具有“抗老龄化”能力，各国需要实施一个连贯的财政战略将中央政府和地方政府联合起来。

为了给政策制定者提供更有力的参考依据，国外学者还通过政策模拟对可能采取的各种应对人口老龄化的政策方案进行了评估。Clements 等（2018）提出政府针对人口老龄化可采取的措施主要分为两类：一类是试图改变潜在人口统计数据的政策，包括提高生育率，允许更多的净移民和提高劳动力参与率等；另一类是遏制与年龄相关支出增长的政策，主要是通过影响医疗保健和养老金体系来实现。关于第一类政策，Dolls 等（2017）模拟了延长法定退休年龄的效果，结果发现如果将当前法定退休年龄提高 5 年，就可以完全抵消人口结构对财政平衡的影响。Liu 和 Yang（2021）模拟了提高生育率的效果，结果发现提高生育率有助于维持财政平衡和代际公平，且作用要远远大于提高生产率和降低利率的作用。关于第二类政策，Lassila 和 Valkonen（2008）模拟了养老金改革的效果，结果发现调整养老金福利的政策有助于解决与未来寿命长短相关的风险；推行养老金制度由固定收益制度向非财务固定缴款制度转变的改革可以同时解决人口和经济风险；将养老基金更多地投资于股票的政策则是以增加财政风险为代价来解决预期的可持续性问题。Nishiyama（2015）通过政策模拟提出，如果政府同时关心未来的产出水平和代际公平，可以通过提高统一消费税或是削减社会保障福利，并相应提高 50% 的工资税税率来实现，其还指出渐进式改革是有代价的，推迟必要的改革只会增加后代的财政负担。Minchung 和 Yamada（2019）模拟评估了医疗保健可采取的融资方案，认为增加消费税和增加公共健康保险共同支付都能减轻年轻人的劳动税收负担，并为后代带来新的稳定状态下的显著福利收益，但前者对目前老年人或不健康人群的负面影响要小于后者，且更容易得到当前人口的大力支持。

而在我国，由于人口老龄化存在“未富先老”的特点，因此，国内学者在研究应对人口老龄化的政策时更加注重夯实经济基础。付伯颖（2008）提出我国在积极应对人口老龄化的过程中要高度重视经济发展的作用，可以通过转变经济增长方式来大力发展经济，这既有利于保持我国社会经济的高速发展，也有利于缓解人口老龄化给政府带来的支出压力。杨爱云等（2017）从消除人口老龄化带来的不利因素的角度出发，提出我国可以通过大力发展老年产业、积极发展老年教育、返聘老龄高级人才等方式来提高老年人的素质，并鼓励其充分发挥社会价值，从而在一定程度上缓解人口老龄化所带来的劳动供给短缺问题。魏瑾瑞等（2018）、刘建国和孙勤英（2019）认为我国积极应对人口老龄化的根本途径是促进经济的增长和发展，在提高整体经济实力的过程中应积极推动老龄产业的发展，因为促进老龄产业的发展可以在满足老年人需要的同时，也能促进经济增长，从而提升老年人对财政收入的贡献力度。

三、研究述评

通过文献回顾与梳理发现，国内外学者非常重视对财政可持续性问题、以及人口老龄化与财政可持续性关系的研究，并取得了大量的研究成果。首先，在关于财政可持续性的研究方面，现有学者基于不同的理论界定了财政可持续性的内涵和评估方法，并对影响政府财政可持续性的因素进行了理论分析和实证检验。其次，在人口老龄化与财政可持续性关系的研究方面，国内研究相对较少，国外研究相对丰富，且主要集中在对人口老龄化背景下各国政府财政可持续性的评估、分析并预测人口老龄化对政府财政可持续性的影响以及政策模拟方面。基于对以上文献的回顾和梳理，本书得到了以下几点研究启示：

第一，财政可持续性的评估方法并不唯一，且各有利弊。指标分析法和计量检验法是最为常见的两种评估方法。指标分析法由于理论含义简单直观，计算简便，在实践中被广泛应用；但这种方法存在明显的缺陷，即结论存在一定的主观性。相比之下，计量检验法可以从动态的角度对财政可持续性进行评估，能够反映财政变量的动态变化过程。特别是基于财政反应函数的计量检验法，不仅可以基于政府的财政调整过程来对政府财政可持续性进行判断和评价，还可以基于回归结果对政府财政可持续性的程度进行测算，在实证研究中可以予以应用。

第二，人口老龄化对政府财政可持续性的影响机制有待进一步补充和拓展。现有文献大多是从财政收支的某一方面来探讨人口老龄化对政府财政可持续性的影响，缺乏对人口老龄化影响政府财政可持续性作用机制的全面梳理，而且鲜有文献实证检验人口老龄化影响政府财政可持续性的作用路径。本书试图在现有研究的基础上，基于居民消费、社会保险和劳动供给三个视角来探讨人口老龄化影响财政可持续性的作用机制，并采用中介效应模型进行实证检验，以此来补充和拓展相关研究。

第三节 研究思路、内容与方法

一、研究思路

首先，介绍本研究的选题背景、研究意义、研究思路、内容与方法，同时，对国内外相关研究进行总结梳理和评述，并在此基础上提出本研究的理论基础，详细阐述人口老龄化与财政可持续性的基本理论，并从理论上分析人口老龄化对财政可持续性的影响。其次，对我国人口老龄化和财政可持续性的现状进行分析，并指出人口老龄化给政府财政可持续性带来的冲击和挑战。再次，基于财政反应函数检验和测算我国政府的财政可持续性，并在此基础上基于我国省级层面数据，采用面板数据模型、中介效应模型和门槛效应模型对人口老龄化对财政可持续性的影响进行实证检验。最后，在前述分析的基础上，提出了人口老龄化背景下提升政府财政可持续性的政策建议，为增强我国政府财政可持续性提供了参考。本书的研究路线如图 1－1 所示。

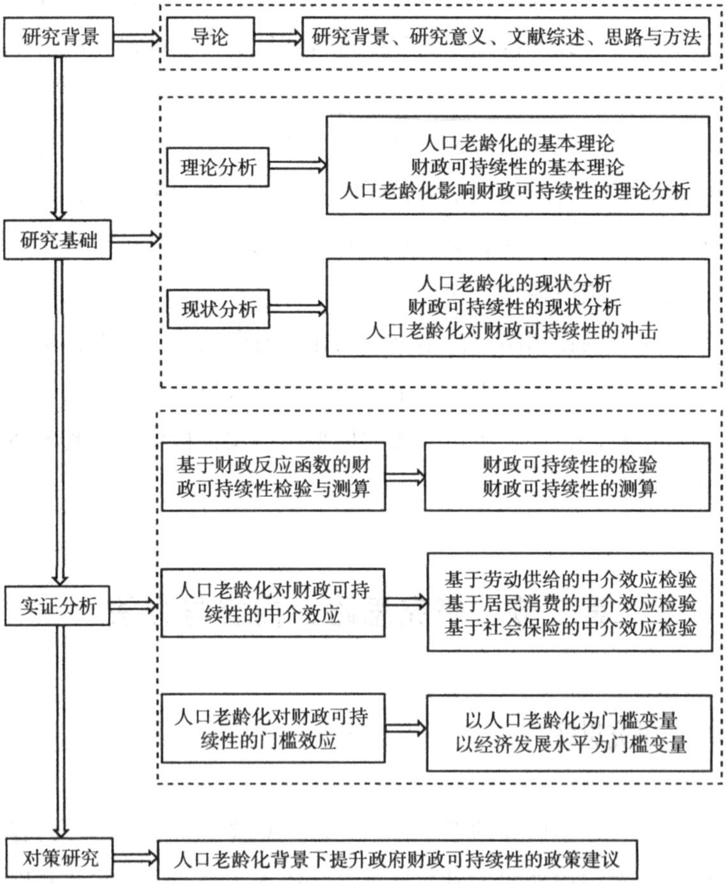

图 1－1　本书研究路线

二、研究内容

结合以上研究思路，本书共分为七章对我国人口老龄化对财政可持续性的影响进行理论与实证研究，各章节主要研究内容如下：

第一章是导论。首先，介绍本研究的选题背景，分析研究人口老龄化对财政可持续性影响的理论和现实意义；其次，对国内外关于财政可持续性研究以及人口老龄化与财政可持续性关系的相关研究进行系统梳理，并对现有的文献进行评述；再次，从本书的研究思路出发，总结本书的主要研究内容，并系统阐述本书的研究方法；最后，指出本书的创新点与不足之处。

第二章是人口老龄化影响财政可持续性的理论基础。首先，详细阐述了人口老龄化的内涵和界定；其次，考察了财政可持续性内涵的动态演变，在此基础上对财政可持续性的概念进行了界定，并对财政可持续性的评估方法进行了全面梳理；最后，探讨了人口老龄化对财政支出和财政收入的影响，并在此基础上分析了人口老龄化对政府财政可持续性的影响。

第三章是我国人口老龄化与财政可持续性的现状分析。首先，详细阐述了人口老龄化的现状、特点以及成因，并在此基础上分析了我国人口老龄化的未来发展趋势；其次，从财政平衡、政府债务以及财政与经济的关系三个角度对我国政府的财政可持续性状况进行了分析；最后，针对人口老龄化给财政可持续性带来的冲击和挑战进行了分析。

第四章是对我国政府财政可持续性的检验和测算。首先，确定基于财政反应函数检验和测算政府财政可持续性的分析框架，理清政府债务上限的决定机制。其次，基于我国省级面板数据来估计我国地方政府的财政反应函数，并根据线性模型的回归结果来判断我国地方政府的财政可持续性，根据非线性模型的估计结果来判断我国地方政府是否存在“财政疲劳”现象。最后，基于非线性财政反应函数模型的估计结果来测算我国各地方政府的债务上限，并据此来测算我国各地方政府的财政可持续程度，为后续章节的实证研究提供基础。

第五章是人口老龄化影响财政可持续性的中介效应分析。首先，从劳动供给、居民消费和社会保险三个方面详细阐述人口老龄化影响政府财政可持续性的作用机制。其次，基于我国省级面板数据，利用面板回归模型实证检验人口老龄化对政府财政可持续性的影响。最后，进一步构建中介效应模型来实证检验劳动力供给、劳动生产率、居民消费水平、居民消费结构、基本养老保险和基本医疗保险等变量在人口老龄化影响政府财政可持续性的过程中的中介效应，探讨人口老龄化影响财政可持续性的路径。

第六章是人口老龄化影响财政可持续性的门槛效应分析。本章从非线性角度出发，分别以人口老龄化水平和经济发展水平为门槛变量来构建面板门槛模型，通过研究不同的人口老龄化水平下和不同的经济发展水平下人口老龄化对财政可持续性的影响差异，来探讨人口老龄化与财政可持续性之间的非线性关系。

第七章是政策建议部分。本章基于前面各章节理论分析与实证研究的结论，从调整人口政策、改善人口结构、扩大劳动供给、提高劳动生产率、提高居民消费水平、改善居民消费结构和完善社会保险体系等方面来提出人口老龄化背景下促进财政可持续发展的政策建议。

三、研究方法

第一，文献分析法。通过对现有文献的系统梳理，分析国内外关于人口老龄化、财政可持续性以及人口老龄化与财政可持续性关系的研究现状，由表及里，从中发现问题，提炼概念。并通过总结、归纳相关文献，从理论上分析人口老龄化对政府财政可持续性的影响机理，初步探讨劳动供给、居民消费和社会保险的中介效应。

第二，比较分析法。本书主要采用纵向比较和横向比较两种方法，其中，利用纵向比较法分析了我国人口老龄化和政府财政可持续性的变化趋势；利用横向比较法对我国人口老龄化的规模、速度及与经济发展的协调性进行国际比较，并利用横向比较法考察人口老龄化、财政可持续性以及两者关系的地区差异。

第三，实证分析法。首先，基于动态面板数据模型实证检验我国政府的财政可持续性和考察我国政府是否存在“财政疲劳”现象；其次，利用固定效应估计方法考察人口老龄化对政府财政可持续性的影响；再次，采用中介效应分析方法考察劳动供给、居民消费和社会保险等变量在人口老龄化影响政府财政可持续性过程中的中介作用，并估算中介效应的具体数值；最后，构建面板门槛模型考察人口老龄化与财政可持续性之间的非线性关系。

第四节 创新点与不足之处

一、创新点

在梳理与分析相关文献的基础上，本书可能的创新点体现在以下方面：

第一，揭示了人口老龄化影响政府财政可持续性的作用路径。现有文献大多是从财政收支的某一方面来探讨人口老龄化对财政可持续性的影响，缺乏对人口老龄化影响财政可持续性作用机制的全面梳理和实证检验。本书在已有文献的基础上，基于劳动供给、居民消费和社会保险三个视角来探讨人口老龄化影响财政可持续性的作用机制，并采用中介效应模型实证检验了劳动力供给、劳动生产率、居民消费水平、居民消费结构、基本养老保险和基本医疗保险多种因素在人口老龄化影响财政可持续性过程中的中介效应，较为系统地分析了人口老龄化影响财政可持续性的内在机理，弥补了现有研究的不足。

第二，综合评价了政府的财政可持续性。现有研究中关于政府财政可持续性的评估方法较多，尚未形成统一的判定标准，大多数研究只关注了财政的某一方面。本书同时采用指标分析法和计量检验法两种评估方法，从多个角度来对我国政府的财政可持续性进行评价和分析。首先，基于赤字率、债务负担率、债务依存度、债务率、财政依存度和 IFS 指数等评价指标，分别从财政平衡、政府债务、财政与经济的关系三个角度对政府的财政可持续性进行了评价；其次，基于线性财政反应函数来判断我国政府的财政可持续性，同时基于非线性财政反应函数来判断我国政府在财政调整过程中是否存在“财政疲劳”现象。最后，根据非线性财政反应函数的估计结果来测算我国各地方政府的债务上限，并据此来量化我国各地方政府的财政可持续性程度。

二、不足之处

第一，研究内容方面。本书在研究人口老龄化与财政可持续性的关系时，仅依据历史经验数据进行分析，未能对未来不同人口情景下的财政可持续性进行预测，也未能对政府可能采取的政策方案的实施效果进行评价，使得本研究不够全面完整。

第二，实证数据方面。本书在实证研究中选取的样本观测期仅限于 2012 ~ 2019 年，时间跨度相对较短。仅能反映近 8 年来人口老龄化对财政可持续性的影响，无法反映更长时间范围内两者的动态变化关系，这在一定程度上会影响实证估计结果的显著性。本书选取以 2012 年为伊始年份的主要原因在于政府债务数据的可得性，采用

2012 年以后的地方政府债务数据，可最大限度地保证统计口径的一致性和数据的完整性，使数据的损失率降到最低。此外，本书的实证数据仅限于省级层面，这使得截面样本数相对较少，从而导致实证估计结果精度与可信度的降低。无法从市县级层面进行考察的主要原因在于我国市县级层面的相关部门对人口年龄结构和政府债务等数据资料披露较少，获取难度较大，造成关键变量数据缺失严重，无法通过相关手段进行弥补。

人口老龄化对财政
可持续性的影响研究
Chapter 2

第二章 人口老龄化影响财政可持续性的理论基础

第一节　人口老龄化的基本理论

一、人口老龄化的内涵

在人口学中，人口老龄化一般包含两层含义：第一层含义是指个体的老龄化；第二层含义是指群体的老龄化，两者各不相同，但又互相联系。其中，个体的老龄化是指个体衰老的自然现象，是人口群体老龄化的前提；人口群体的老龄化则是指一个国家或地区的老年人口占比不断增加的一种人口年龄结构动态变化的过程，是受社会、经济和人口规律支配的一种社会现象。并且，人口群体的老龄化过程是可逆的，当人口的生育水平回升时，人口老龄化过程会出现逆转①。在分析人口老龄化对财政可持续性影响时，我们主要关注人口群体的老龄化。因此，本研究中的人口老龄化指的是人口群体的老龄化，主要表现在两个方面：一是老年人口在总人口中所占比例不断上升；二是社会人口结构呈老年状态，进入老龄化社会。由此可见，人口老龄化实质上是一个人口结构问题，是由人口年龄结构变动引起的。一般来说，根据形成原因和具体表现的不同可将人口老龄化分为底部人口老龄化和顶部人口老龄化两类：其中，底部人口老龄化主要是由人口出生率或生育率的下降引起的，表现为因少儿数量减少和少儿人口占比下降所引起的人口老龄化；顶部人口老龄化则主要是由老年人口死亡率的降低和预期寿命的延长引起的，表现为因老年人口数量增加和老年人口占比上升而引起的人口老龄化。

① 杨中新．中国人口老龄化与区域产业结构调整研究［M］．北京：社会科学文献出版社，2005.

二、人口老龄化的界定

国际上通常将一个国家或地区老年人口的比重作为判断其是否进入人口老龄化社会的重要标准。因此，对于人口老龄化的界定，要从界定老年人口开始。关于老年人的统计和定义指标主要是通过划分个体年龄来进行判断。个体年龄中关于“老”的界定并不是一成不变的，而是随着人类社会的发展不断改变的。一般来说，随着人们生活水平和医疗技术的进步，人体机能会延缓衰老，个体年龄中关于老年的起点年龄的界定可能会不断上升。桑德巴（Sundbarg，1900）的人口年龄结构类型理论是普遍认可的最早定义老年概念的理论，其将50岁及以上年龄段定义为老年[①]。故而从19世纪末到20世纪初，各国学者一般将老年人定义为50岁及以上人口。到20世纪中期，人口老龄化问题更为普遍，因此也更受到学术界和国际组织的关注。1956年，联合国人口司提出以65岁作为老年人的起点年龄，同时将65岁及以上老年人口比重超过7%作为判定一个国家或地区是否步入老龄化社会的基本标准。随着社会现实情景的变化，波兰人口学家爱德华·罗赛特（Edward Rosset，1977）提出了一个新的划分标准，其以60岁作为老年人和年轻人的分界年龄，并将老年人口占比超过12%作为确定为老龄化社会的新标准[②]。1982年，世界老龄问题大会采用60岁作为划分老年人的分界年龄，并将一个国家或地区老年人口占总人口比例超过10%作为判定一个国家或地区进入老龄化社会的基本标准。

由此可见，自1900年桑德巴首次对人口年龄类型进行划分之后，老年人口的年龄起点与老龄化界定标准经历了一个持续上升与波动的

① 杨中新．中国人口老龄化与区域产业结构调整研究［M］．北京：社会科学文献出版社，2005.

② 李竞能．当代西方人口学说［M］．太原：山西人民出版社，1992.

动态过程[①]。在这些标准中，联合国人口司在1956年制定的标准和世界老龄问题大会在1982年制定的标准得到了世界各国的普遍接受和应用。本研究将沿用联合国对老年人的定义标准，使用65岁作为老年人口的起点年龄，并将65岁及以上老年人口比重作为人口老龄化的主要衡量指标，该指标值的大小可以直接反映一个国家或地区的人口老龄化程度。一个国家或地区的老年人口比重越小，说明该国家或地区的人口老龄化水平越低；一个国家或地区的老年人口比重越大，说明该国家或地区的人口老龄化水平越高。此外，本研究还将采用老年抚养比作为人口老龄化的另一衡量指标辅助使用，其等于65岁及以上老年人口数量与15到64岁适龄劳动人口数量之比，反映的是老年人口群体与劳动年龄人口群体之间的经济抚养关系，该指标值越大，表明社会的养老负担越重。

第二节　财政可持续性的基本理论

一、财政可持续性的内涵

财政可持续性的概念由比特（Buiter，1985）首次提出，其把财政可持续性理解为对政府财政存续状态的一种衡量，并认为这种存续状态主要由政府的偿债能力来决定的。当一个国家或地区的政府无力偿还债务时，就只能宣告破产，那么财政就不可持续。布兰查德（Blanchard，1990）在此基础上进一步指出财政可持续性的研究对象是各国政府是否面临债务过度累积的问题，认为只要一个国家的政府债务负担率能够收敛到其最初水平，那么该国家就能维持政府的财政可持续性。由此可见，对于国债问题的关注和政府偿债能力的研究是

① 彭希哲，卢敏．老年人口死亡概率时代变迁与老年定义的重新思考［J］．人口与经济，2017（02）：1－10.

学术界对财政可持续性问题认识的开始。随后，大量学者基于政府债务角度对财政可持续性问题展开了研究。例如，汉密尔顿和弗兰文（Hamilton 和 Flavin，1986）、伯恩（Bohn，2003）等学者基于跨期预算平衡理论对财政可持续性问题进行了研究，认为政府的当期债务不仅会影响政府当期的财政可持续性，还会影响政府未来的财政可持续性，并指出只有当政府当期的待偿债务量不高于未来预期财政盈余的贴现和时，才能保证政府未来的财政可持续性。国内学者张春霖（2000）、洪源和李礼（2006）、邓晓兰等（2013）、朱军和聂群（2014）和孙正（2017）等也从政府偿债的角度给出了财政可持续性的定义，认为政府的财政可持续性与其偿债能力息息相关，如果一个国家或地区的政府具有偿债能力，不会产生违约的行为，那么该国家或地区的政府财政就具有可持续性；相反，如果一个国家或地区的政府没有偿债能力，且很有可能出现违约行为，那么该国家或地区的政府财政就不具有可持续性。洪源和李礼（2006）进一步指出如果一个国家或地区的政府净值大于零，则表明政府的偿债能力能够得到保障，那么该国家或地区的政府就能够通过继续举借新债来促使财政能够继续维持下去，即财政具有可持续性。陈建奇（2012）则认为政府债务负担率有界是政府财政可持续的前提条件。

然而，随着理论研究的不断深入，财政可持续性的内涵也得到了不断拓展。除了从政府债务角度进行研究之外，国内外学者还从其他不同角度对财政可持续性问题进行了研究和拓展。例如，有的学者是从财政体制和财政运行的角度来对财政可持续性内涵进行拓展。国内学者余永定（2000）提出如果一个国家或地区的政府能在长期内保持财政平衡或财政稳定，那么该国家或地区的财政就具有可持续性，并指出政府可以通过两种渠道来促使财政保持平衡和恢复稳定：一是通过发行政府债务来为财政赤字融资，从而达到财政平衡和财政稳定的目的；二是利用经济社会中各宏观变量之间的相互作用来实现。伯德（Bird，2003）提出财政可持续性最基本的定义是公共财政的收支平衡，即政府的财政收入能够覆盖其支出，同时减少对借贷的依赖。亚当斯等（Adams et al.，2010）同样也是从政府保持长期财政收支平衡的角度来理解政府的财政可持续性问题，并且还强调了政府在维持财政收支平衡过程中所采用的工具的合理性问题，强调政府不能过度发行货币和过度发行债务。此外，他还根据政府维持财政收支平衡期限的长短来将财政可持续性划分为静态和动态两种。其中，静态财政可持续性主要关注政府短期财政收支平衡问题，而动态财政可持续性主要关注的是政府长期财政收支平衡问题。杨宇和沈坤荣（2011）、孙正（2017）则是从财政运行的角度提出财政可持续性是一个长期概念，主要体现在财政运行的可持续，即财政收入足以应付其各项支出，不会出现无力偿付的情况。邓晓兰等（2013）基于政府债务和财政收支结构的关系提出如果政府能保持适当的政府债务规模和合理的财政收支结构之间良好的互动关系，那么这将不仅有利于财政的可持续发展，还有利于实现经济的持续增长。也有部分学者是从财政政策和财政职能的角度进行拓展。付春香（2010）提出维持政府财政可持续性要立足于促进经济社会的可持续发展，弥补市场失灵，同时财政可持续性也要求要保证财政自身运行的可持续，有效控制财政风险。刘尚希（2004）、刘国艳等（2012）认为如果政府从公共资源中获得的收益能够负担其开支，那么就可以认为政府财政具有可持续性。陈治（2017）从政府职能实现的角度来定义财政可持续性内涵，认为财政可持续性反映的是一个国家或地区的政府能够通过财政收支活动来实现当前和未来政府职能的状态，在此过程中要处理好长期和短期利益的平衡，也要注重代际公平。

通过对财政可持续性内涵动态变化的梳理可以看到，财政可持续性就是指作为经济实体的国家财政的存续状态或能力。不同的财政可持续性内涵，或强调财政体制的可持续，或强调财政运行的持续，或强调财政政策的可持续，或强调财政职能的可持续。可以说，财政可持续性内涵的拓展过程就是对财政可持续性的认识不断深入的过程。

同时也应该认识到，财政体制的可持续、财政运行的可持续、财政政策的持续和财政职能的可持续都是维持政府财政可持续性的重要内容，缺少其中任何一种都会导致对财政可持续性内涵的理解片面。在上述研究基础上，本研究将财政可持续性定义为作为经济实体的国家财政的存续状态或能力，它反映的是在一定时期内政府能够通过财政收支活动持续地提供公共产品与服务，偿还当期以及未来的债务的状态。并且，财政可持续性的内涵可以从财政平衡和政府债务两个角度来理解：一是从财政平衡的角度来理解，财政可持续性指的是在长期内政府的各项财政收入能满足政府的各项支出的一种状态；二是从政府债务的角度来理解，财政可持续性指的是政府的财政预算满足跨期预算约束条件，政府当期的待偿债务量不高于未来预期财政盈余的贴现和的一种状态。

二、财政可持续性的评估方法

目前，对于财政可持续性的判定，不同的学者采用了不同的评估方法，尚未形成统一的判定标准。总体来看，可以分为指标分析法、计量检验法和其他分析方法三大类。

（一）指标分析法

指标分析法是依据对政府当前财政状况的认识以及对未来财政收支的预期，探讨适度的财政可持续性指标，以求得一个不致使政府违约的可持续水平。这些评估指标通常是基于政府的跨期预算约束条件推导得出。多马（Domar，1944）是第一个在经济增长的背景下讨论财政可持续性问题的经济学家，其认为如果一个国家或地区的债务负担率能够收敛到其最优债务负担率水平上，那么该国家或地区的政府财政就具有可持续性。在该理论指导下，多马（Domar，1944）提出了著名的财政可持续性条件，即名义经济增长率要快于政府未偿债务的名义增长率，如果该条件满足，那么政府的债务负担率将是收敛的，这就意味着政府财政具有可持续性。Yanagita 和 Hutahaean（2002）基于 Domar 的财政可持续性条件构造了财政可持续性指数（Index of Fiscal Sustainability，缩写为 IFS 指数），IFS 指数等于政府债务的年增长率与名义经济增长率的差额，反映了政府债务和经济增长的动态变化。并且，根据 IFS 指数的大小可以直接判断政府的财政可持续性：当 IFS 指数为负时，Domar 的财政可持续性条件得到满足，政府的债务负担率将是收敛的，这就意味着政府财政是可持续的；当 IFS 指数为正时，Domar 的财政可持续性条件不能被满足，表明政府的财政是不可持续的。由于该方法计算简便且易于理解，因此在研究中被广泛应用。

除了 IFS 指数外，学者们还经常使用缺口指标来判断政府的财政可持续性。比特（Buiter，1985）在 Domar（1944）研究的基础上，提出财政可持续性问题的本质是政府的偿债能力，认为一个可持续的公共债务应当保持政府净资产在当前水平，并把满足该条件的财政赤字水平与当期财政赤字水平的差额作为评定政府财政可持续性的衡量指标，通常被称为 Buiter 指数。Buiter（1985）在确定了保持政府净资产不变的必要条件的基础上，提出了 Buiter 指数的计算方法，即：

$$\bar{d} - d_t = (r_t - n_t) w_t - d_t \tag{2-1}$$

其中，$\bar{d}$ 表示保持政府净资产不变的财政赤字水平，d_t 表示 t 期的财政赤字水平，r_t 表示公共债务实际利率，n_t 表示经济增长率，w_t 为政府资产净值与 GDP 的比率。如果根据式（2－1）计算出来的 Buiter 指数为负数，则说明当期财政赤字水平要明显大于保持政府净资产不变的财政赤字水平，这意味着政府的净资产不再能保持不变，因此政府财政是不可持续的；反之，如果计算出来的 Buiter 指数为正数，则表明当期财政赤字水平要明显小于保持政府净资产不变的财政赤字水平，这意味着政府的财政是可持续的。与 Domar（1944）提出的可持续性条件相比，Buiter（1985）提出的财政可持续性指标无论是在理论含义方面，还是在政策指导方面都有明显的改进：一是

Buiter（1985）提出的政府净资产能够直接反映政府的偿债能力，而这正是财政可持续性问题的本质所在，因此理论依据更为充足；二是Buiter（1985）提出的财政可持续性指标的政策含义更加明确，能够便于政府进行比较和判断，同时在实践中也更具有可行性和可操作性。例如，政府可以通过调整税收和财政支出等手段来达到控制财政赤字水平的目的，从而实现财政的可持续发展。需要注意的是，Buiter（1985）的财政可持续性指标也存在明显的缺陷：一是不能确定或难以确定反映政府偿债能力的政府净资产规模；二是政府净资产规模维持不变并不是保证政府债务可持续的充分条件。例如，对于一些政府净资产规模较大的国家或地区来说，即使适当地减小政府净资产规模，该国家或地区的政府债务仍然是可持续的；而对于一些政府净资产为负的国家或地区来说，政府应该通过增加政府净资产来实现政府债务的可持续，而不是保持政府净资产规模不变。

布兰查德（Blanchard，1990）进一步拓展了Buiter（1985）的研究，提出了更具有可操作性的基本预算缺口指标（PGI）和税收缺口指标（TGI）。其中，基本预算缺口指标（PGI）的计算公式为：

$$\bar{d} - d_t = (n_t - r_t) b_t - d_t \tag{2-2}$$

其中，$\bar{d}$ 表示可以维持政府财政可持续性的财政赤字水平，d_t 表示t期的财政赤字水平，r_t 表示公共债务实际利率，n_t 表示经济增长率，b_t 表示t期的政府债务负担率。如果根据式（2-2）计算出来的基本预算缺口指标（PGI）为负数，则表明当期财政赤字水平要明显大于可持续的财政赤字水平，这意味着当期的财政赤字水平较高，政府财政是不可持续的；反之，如果计算出来的基本预算缺口指标（PGI）为正数，则表明当期财政赤字水平要小于可持续的财政赤字水平，政府财政是可持续的。

税收缺口指标（TGI）的计算公式为：

$$t_t - \bar{t} = t_t + (n_t - r_t) b_t - g_t \tag{2-3}$$

其中，t_t 表示 t 期的政府税收水平；$\bar{t}$ 表示可以维持政府财政可持续性的税收水平；g_t 表示政府财政支出水平。如果根据式（2-3）计算出来的税收缺口指标（TGI）为负数，则表明当期的政府税收水平要小于可持续的税收水平，这意味着当前的税收收入较少，不能满足政府的财政支出，政府财政是不可持续的；反之，如果计算出来的税收缺口指标（TGI）为正数，则表明当期的政府税收水平要大于可持续的税收水平，这就说明当前的税收收入较为充足，可以满足政府的财政支出，这就意味着政府财政是可持续的。

由此可见，Blanchard（1990）提出的基本预算缺口指标（PGI）和税收缺口指标（TGI）的实质相同，只是侧重点略有不同：基本预算缺口指标（PGI）反映了政府在维持财政可持续性时的赤字缩减需求，而税收缺口指标（TGI）则反映了政府在维持财政可持续性时的税收增加需求。除了 Blanchard（1990）提出的基本预算缺口指标和税收缺口指标之外，奥尔巴赫等（Auerbach et al.，2004）和贾马拉里等（Giammarioli et al.，2007）采用类似的方法分别提出了“财政缺口指标”和“融资缺口指标”。由于这些缺口指标较为灵活和直观，能够直接反映政府当前的财政收支状况与财政可持续性水平之间的偏离程度，因此经常被各国学者用来作为判定政府财政可持续性的评价指标。

此外，也有学者直接将政府债务负担率、财政赤字率等作为财政可持续性的评价指标。近年来，随着财政可持续性外延的不断扩大，部分国内学者开始将政府债务、财政收支以及经济发展等多种因素综合考虑，通过设立指标评价体系来判断政府的财政可持续性。学者们在构建财政可持续性评价指标体系的基础上，通过指标赋值得到一个综合得分，进而将其作为衡量财政可持续性的评价标准。然而，在设置财政可持续性评价指标体系时，不同学者考虑的维度和设置的指标会略有不同。例如，张新平（2000）、付春香（2010）、张东玲和何洲娥（2017）基于可持续发展理念，结合我国的实际国情，从财政可持续、经济可持续、资源环境可持续和社会可持续四个维度构建了财政可持续性的评价指标体系。王冰（2012）则是从经济可持续、财政收入结构、财政支出结构、财政收入的产业来源和财政监督管理五个维度，通过引入32个指标构建了财政可持续性的评价指标体系，并采用熵值法、灰色关联度法和主成分分析法三种评价方法对淄博市的财政可持续性状况进行了测评。刘富华和吴近平（2020）则是从经济发展、财政收入、财政支出、地方债务四个维度，通过引入12个指标构建了地方财政可持续性的综合评价体系，并采用熵值法对我国地方财政的可持续性状况进行了评估。

综上所述，由于指标分析法理论含义简单直观，且计算简便，因此在实践中被广泛应用。一方面，各国学者运用这些指标对各国政府的财政可持续性状况进行了评价与分析；另一方面，各国的政策制定者采用上述指标作为判断政府财政可持续性状况的基本依据与控制目标。同时，需要注意的是指标分析法存在明显的缺陷，即结论存在一定的主观性。虽然相比于单一指标，财政可持续性评价指标体系的综合性更强，但也存在一定的局限性：例如，仅从线性的角度和静态的角度来对政府财政可持续性进行评估。此外，财政可持续性评价指标体系中数据指标的完整性也受到了质疑。

（二）计量检验法

计量检验法是以政府的跨期预算约束理论为起点，通过一定的计量方法检验政府的跨期预算约束条件是否成立，并以此来判断政府财政可持续性的一种评价方法。在该理论指导之下，学者们主要发展了三种判定政府财政可持续性的计量检验法，分别是平稳性检验、协整检验和财政反应规则检验。

1. 平稳性检验

平稳性检验是基于政府跨期预算约束理论对政府财政可持续性进行实证检验的第一种方法，最早由汉密尔顿和弗兰文（Hamilton 和 Flavin，1986）提出。Hamilton 和 Flavin（1986）认为如果政府的基本财政盈余或政府债务余额是平稳的，那么政府的跨期预算约束条件就可以得到满足，即可认为政府财政具有可持续性。因此，Hamilton和Flavin（1986）将基本财政盈余或债务余额的平稳性作为评价政府财政可持续性的判定标准：如果一个国家或地区的基本财政盈余或债务余额变量是平稳的，那么该国家或地区的政府财政活动就满足跨期预算约束，政府财政是可持续的；反之，如果一个国家或地区的基本财政盈余或债务余额变量是非平稳的，那么该国家或地区的政府财政活动就不满足跨期预算约束，政府财政是不可持续的。在该分析框架之下，Hamilton和Flavin（1986）基于美国的数据进行了实证检验，结果发现美国的基本财政盈余序列和政府债务余额序列都是平稳的，因此判定美国政府财政是可持续的。威尔科克斯（Wilcox，1989）同样采用美国数据进行了实证检验，与Hamilton和Flavin（1986）研究不同的是，Wilcox（1989）进一步放宽了约束条件，例如允许实际利率随机变动、允许偶然违反借贷约束等，结果得出了与Hamilton和Flavin（1986）的相反的结论，即美国财政是不可持续的。之后随着非线性计量方法的发展，学者们开始关注财政可持续性检验中的结构突变问题，并采用带有结构突变的单位根检验方法来检验财政的可持续性。

2. 协整检验

协整检验是基于政府跨期预算约束理论对政府财政可持续性进行实证检验的第二种方法，最早由特雷汉和沃尔什（Trehan和Walsh，1988）提出和使用。Trehan和Walsh（1988）认为如果一个国家或地区的财政收入与财政支出存在协整关系，那么该国家或地区政府的跨期预算约束条件就可以得到满足，财政是可持续的。因此，Trehan和Walsh（1988）将政府财政收入是否与政府财政支出存在协整关系作为判定政府财政可持续性的重要标准。一个典型的协整回归方程为：

$$R_t = \alpha + \beta G_t + u_t \tag{2-4}$$

其中，R表示政府的财政收入，G表示政府的财政支出，u是随机误差项。昆托斯（Quintos，1995）进一步拓展了该项研究，其认为该方法不仅可以用来判定政府财政可持续与否，还可以用来判定政府财政可持续性的强弱：如果长期回归系数 β 等于 0，则表明政府财政是不可持续的；如果长期回归系数 β 介于 0 和 1 之间，在这种情况下，无论政府的财政收入和财政支出之间是否存在协整关系，政府财政都呈现出弱可持续性；如果长期回归系数 β 等于 1，则需要进一步区分情况。第一种情况是在政府财政收支不存在协整关系的情况下长期回归系数 β 等于 1，此时政府财政呈现出弱可持续性；第二种情况是在政府财政收支存在协整关系的情况下长期回归系数 β 等于 1，此时政府财政呈现出强可持续性。随着非线性计量方法的发展，许多学者开始采用平滑迁移误差修正模型、带有结构突变的协整模型、时变参数模型和门限协整模型等非线性协整模型来检验各国政府财政的可持续性，例如，李美洲和韩兆洲（2007）、加布里埃尔和桑杜安（Gabriel & Sangduan，2011）、舍夫丘克和科皮奇（Shevchuk & Kopych，2018）、金春雨和王伟强（2016）等。相比于原有的线性协整检验方法，非线性检验方法更加灵活，更能揭示财政可持续变化的动态特征。

3. 财政反应规则检验

财政反应规则检验是基于政府跨期预算约束理论对政府财政可持续性进行实证检验的第三种方法。伯恩（Bohn）认为协整检验方法中有关经济环境的假设条件过于严格，因此，其进一步放松了财政可持续性的检验条件，提出用线性财政反应函数作为评定政府财政可持续性的新方法。Bohn（1995，1998）提出政府财政收支之间存在协整关系并不是政府跨期预算约束条件得到满足的充分条件，其认为只有当一个国家或地区的政府基本财政盈余率对其债务负担率的变化存在一个至少为线性的正向反应时，才可以认为政府跨期预算约束条件得到满足，从而判定该国家或地区的政府财政具有可持续性。因此，Bohn（1995，1998）将政府的基本财政盈余率对政府债务负担率的回归系数（即财政反应系数）是否大于零作为判定政府财政可持续性的重要标准：财政反应系数大于零则表明当政府的债务负担率上升时，政府会通过提高基本财政盈余率来对此做出积极反应，从而使得政府的偿债能力得到保证，政府财政是可持续的；与之相反，财政反应系数小于零则表明当政府的债务负担率上升时，政府无法通过调整基本财政盈余率来对此做出积极反应，从而使得政府的偿债能力无法得到保证，政府财政是不可持续的。但需要注意的是，将财政反应函数模型设定为线性模型存在一定的不合理性，因为政府的财政调整能力会受到社会、经济等客观条件的限制，从而使得政府的财政调整过程存在非线性特征。因此，奥斯特里等（Ostry et al.，2010）提出用非线性的财政反应函数来构建基本财政盈余率对政府债务负担率的回归模型，并在此基础上提出了“财政空间”（fiscal space）的概念。Ostry 等（2010）认为政府的债务负担率存在一个合理区间，如果政府债务负担率超过了该合理区间的上限，那么政府债务将会无限发散，从而导致财政不具有可持续性。为了保证政府债务负担率在合理区间内，当政府面临不断上升的债务负担率，可以通过增加基本财政盈余来应对这一变化，但在这个过程中，政府进行财政调整的能力有限，从而使得政府的财政调整过程呈现出非线性特征。此外，Ostry 等人把政府债务负担率合理区间的上限看作是政府的债务上限，将其与政府实际债务负担率的差额看作是政府的“财政空间”。戈什等（Ghosh et al.，2013）进一步拓展了 Ostry 等（2010）的研究，将财政反应函数的非线性特征归因于“财政疲劳”现象（fiscal fatigue）的存在，其通过把财政反应函数设定为债务负担率三次函数的形式来拟合政府财政调整过程的非线性特征，并通过实证分析首次验证了“财政疲劳”现象的存在。财政反应规则检验方法的提出和使用在很大程度上推进了政府财政可持续性的研究，并且“财政空间”概念的提出为量化政府财政可持续性程度提供了思路，使得对财政可持续性的研究不再局限于判断政府财政是否可持续方面。

（三）其他分析方法

除了上述的指标分析法和计量检验法，财政可持续性的评估方法还包括代际核算法、风险价值法等其他分析方法。代际核算法由奥尔巴赫等（Auerbach et al.，1991）首次提出，并将其用于政府财政可持续性的评估。代际核算法是通过比较代际净税收负担来判断未来财政的可持续性，其常被用来分析社会保障制度改革对政府财政可持续性的影响。巴恩希尔和柯彼茨（Barnhill 和 Kopits，2003）则是采用风险价值法来评估政府净值，并以此来分析政府财政可持续性。这些方法与指标分析法和计量检验法相比，纳入了更多考虑因素，如代际公平、经济的不确定性、流动性问题等，但同时也使得模型更复杂化，因此，模型测算的准确性有待商榷。

综上所述，指标分析法和计量检验法是最为常见的财政可持续性的评估方法。指标分析法更多的是从静态的角度来对政府财政可持续性进行评估，计算较为简单，易于理解；计量检验法则更多的是从动态的角度来对政府财政可持续性进行评估，能够反映财政收支、政府债务等变量的动态变化过程。特别是基于财政反应函数的计量检验法，在显示政府财政调整过程的同时，能够量化政府财政可持续性的程度，在研究中被广泛使用。

第三节 人口老龄化影响财政可持续性的理论分析

如前所述，财政可持续性反映了一定时期内政府通过财政收支活动持续地提供公共产品与服务，偿还当期以及未来债务的状态。因此，人口老龄化对财政可持续性的影响可以从财政支出和财政收入两个方面来进行分析。

一、财政支出方面

人口老龄化对财政可持续性的直接影响首先表现在政府财政规模和财政负担的迅速增加，这是因为在人口老龄化社会，随着老年人口的增多以及老年抚养比的提高，政府在医疗卫生、长期护理以及公共养老金等方面的支出会大幅增加，这将驱动财政支出规模的主要增长，从而引发人们对政府财政可持续性的担忧（Minchung 和 Yamada，2019）。由于老年人对医疗卫生服务、长期护理服务和社会保障等的需求要高于年轻人，因此，当总人口中老年人口数量增多时，政府的公共医疗卫生支出和社会保障支出会相应增加。杨胜利和高向东（2012）、刘吕吉等（2014）在以我国数据进行研究时发现人口老龄化会显著增加社会保障财政支出，人口老龄化是加剧社会保障财政支出压力的重要原因。武静和聂华（2014）的研究结果则显示人口老龄化会在很大程度上增加政府财政支出。张鹏飞和苏畅（2017）进一步发现人口老龄化和社会保障支出在增加政府财政负担方面存在着显著的正向互补关系。因此，在人口老龄化社会，政府的财政负担将急速增加。由此可见，随着人口老龄化社会的到来，为了保障老年人的基本生活需求，政府通常会增加医疗卫生和社会保障等方面的财政支出，从而导致财政支出总规模扩大，财政负担增加。

此外，人口老龄化对财政可持续性造成的压力还表现在政府支出责任的增加。如果保持现有的社会保险制度不变，随着我国人口老龄化程度的不断加深，社会保险基金的收支将难以保持平衡，这将最终由政府负责，从而对政府财政运行构成潜在压力。以基本养老保险基金为例，一方面，人口老龄化进程中劳动年龄人口的减少会导致制度内缴纳基本养老保险费的人口逐渐减少，从而改变基本养老保险参保人员结构，降低参保人员中缴费人员的占比，这在一定程度上会减缓基本养老保险基金收入的增长，从而给基本养老保险基金供给带来巨大压力；另一方面，老年人口的快速增长会导致养老金的实际领取人口不断增加，从而导致基本养老保险基金支出将逐渐增加，同时，随着平均预期寿命的延长，参保人员领取养老金的时间也会相应延长，这也将导致基本养老保险基金支出的增加。由此可见，如果保持现有的基本养老金制度不变，未来我国的基本养老金体系将面临巨大的基金收支平衡压力和不可持续的风险。而政府财政对基本养老金收支缺口负有兜底责任，因此，基本养老保险基金的收支平衡压力将最终转变为政府的财政负担，从而对政府的财政可持续性造成威胁。同理，对于基本医疗保险基金而言，人口老龄化也会在增加医疗保险基金支出的同时，减少医疗保险的缴费收入，从而加剧医疗保险基金失衡，增加政府财政负担，进而对政府的财政可持续性产生不利影响。

二、财政收入方面

从财政收入的角度来看，人口老龄化会导致税基缩减，税式支出增加，财政收入减少。首先，人口老龄化所带来的劳动供给减少一方面会减少个人所得税的税收收入，影响政府的财政收入能力；另一方面会使得人口红利消失，经济增长放缓，税基减少，从而不利于政府财政收入的组织。其次，人口老龄化会降低劳动生产率，减少社会投资总量，从而影响国民收入的创造。众所周知，国民收入是税收收入的基本源泉，因此，国民收入的减少必然会引起税基的缩减，进而会导致财政收入的减少。这是因为在宏观税负水平不变的情况下，税基缩减意味着税收收入总额的下降。最后，在人口老龄化社会，老年人口的增多会带来居民消费水平的下降，从而抑制居民消费，这在一定程度上减缓经济增长，减少社会产出，从而导致税基缩减，财政收入减少。此外，为了提高老年人的生活水平、促进老年产业的持续发展，政府通常会以税收减免或税收抵免的形式来对老年人和老年产业实施税收优惠，这些政策在缓解人口老龄化问题的同时，也会带来税收收入的减少。

三、对财政可持续性的影响

通过上述分析可知，人口老龄化对公共财政的影响是双方面的：一方面，人口老龄化会导致政府支出责任加重，财政支出压力增大，从而导致对财政资金的需求增加；另一方面，人口老龄化会导致税基缩减，税式支出增加，财政收入减少，从而导致财政资金的供给减少。由此可见，人口老龄化会恶化财政收支矛盾，加剧财政收支失衡，从而对财政可持续性产生不利影响。人口老龄化对财政可持续性的影响可以用图 2－1 表示。

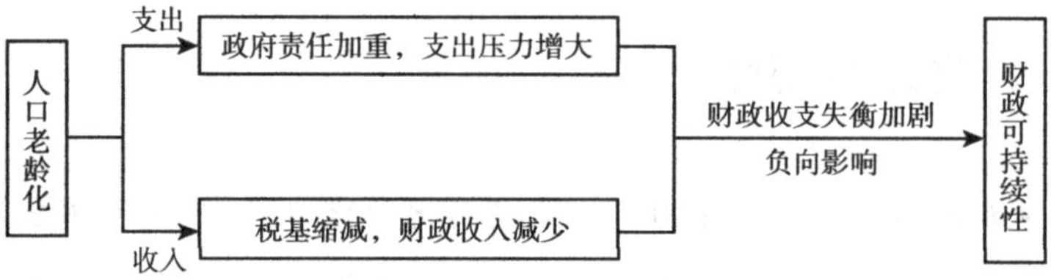

图 2－1　人口老龄化对财政可持续性的影响

第三章　我国人口老龄化与财政可持续性的现状分析

第一节　我国人口老龄化的现状分析

一、我国人口老龄化的现状与特点

自实行计划生育政策以来，我国的人口生育率一直呈持续下降趋势，这使得我国的少儿人口数量及其在总人口中的占比不断下降。与此同时，我国的人口预期寿命在逐渐延长，人口死亡率在不断下降，这使得我国的老年人口数量及其在总人口中的占比不断增加。在以上两方面因素的共同作用下，我国人口结构受到了顶部老龄化和底部老龄化的双面冲击，并逐渐呈现出老龄化趋势。到2000年，我国65岁及以上老年人口占比达到了7%，超过了联合国人口司关于人口老龄化社会的界定标准，这就意味着自2000年起我国步入了人口老龄化社会。但由于受计划生育政策、人口基数较大、城乡二元经济结构等长期基本国情的影响，我国的人口老龄化呈现出与其他国家不同的特点。

（一）老年人口规模大

一直以来，我国都是世界上人口最多的国家，这一基本国情决定了我国的老年人口规模也长期位于世界前列。如图3－1所示，长期以来，我国老年人口规模远远超过其他排名靠前的国家，占世界老年人口总数的比重基本维持在20%左右①。2021年，我国的老年人口为20059万人，占世界老年人口的比重为26.84%，而位居第二的印度的老年人口为9441万人，占世界老年人口的比重为12.64%。由此可见，我国的老年人口规模为排名第二的印度老年人口规模的2倍。与世界上其他老年人口数量排名靠前的国家相比，我国的老年人口规模也远远超过其他国家。2021年，我国的老年人口规模约是美

① 数据来源：快易数据网。

国老年人口规模的3.5倍，日本老年人口规模的5.5倍，俄罗斯老年人口规模的9倍，具体见图3-2。

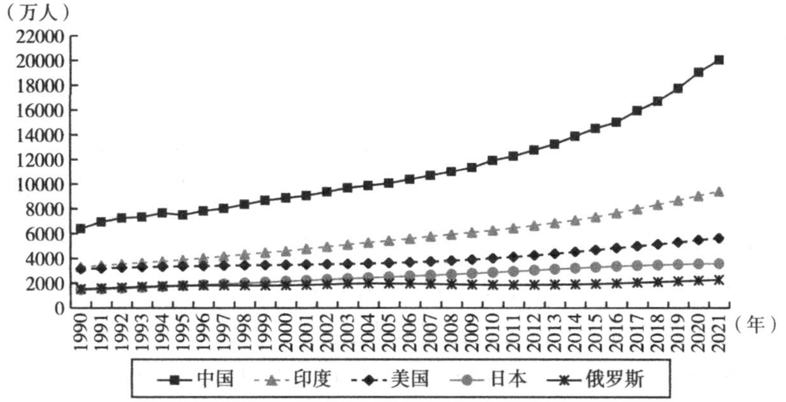

图3-1　1990~2021年老年人口排名前五国家的老年人口变化趋势

资料来源：中国老年人口的数据来源于国家统计局官网；其他国家老年人口的数据来源于快易数据网。

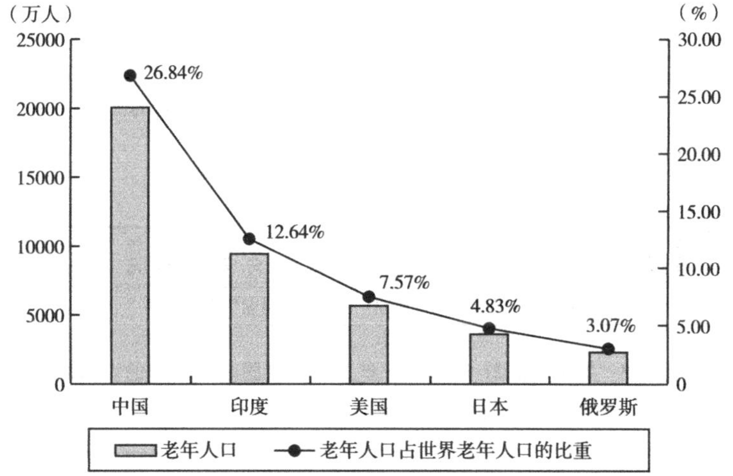

图3-2　2021年老年人口排名前五国家的老年人口规模

资料来源：中国老年人口的数据来源于国家统计局官网；其他国家老年人口的数据来源于快易数据网。

（二）老龄化速度快

由于同时受生育意愿降低、人口出生率降低、预期寿命延长和人口死亡率降低等一般因素和计划生育政策等特殊因素的影响，我国的人口年龄结构转变方式与西方发达国家有所不同。我国的人口老龄化并未经历从底部老龄化向顶部老龄化逐渐演变的长期过程，而是在现代化进程中，同时受到了顶部老龄化和底部老龄化的双面冲击，从而使得我国的人口老龄化以快于其他国家的速度在发展。如图 3－3 所示，2000～2021 年，我国的老年人口增长速度大体上呈上升趋势，由 2000 年的 2.22% 提高为 2021 年的 5.22%，增长速度提高了一倍多。与世界平均水平相比，长期以来我国老年人口的增长速度要快于世界平均水平。2000～2021 年，我国老年人口平均增长速度为 3.89%，快于世界平均水平 2.76%，且在未来的几十年，这种趋势会一直持续下去。

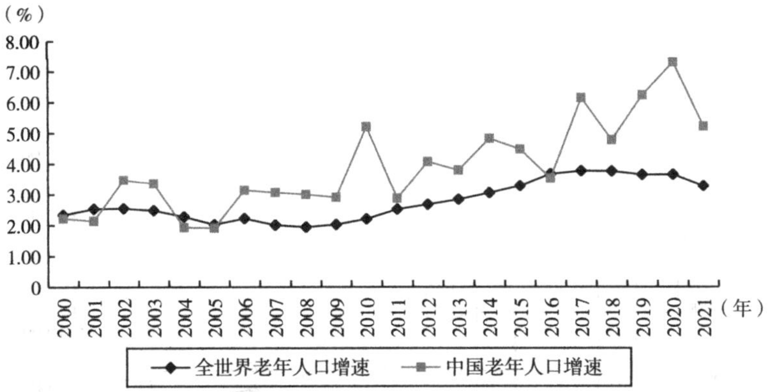

图 3－3　2000～2021 年世界老年人口和我国老年人口的增长趋势

资料来源：中国老年人口的数据来源于国家统计局官网；世界老年人口的数据来源于快易数据网。

此外，从世界主要国家的人口老龄化进程的国际比较也可以看出我国人口老龄化速度较快。如表 3－1 所示，与美国、意大利、法国、西班牙、加拿大、澳大利亚等发达国家相比，虽然我国人口老龄化起步较晚，但我国人口老龄化发展迅速，速度明显超过上述这些国家。2021 年我国 65 岁及以上老年人口达到 20059 万人，占总人口的比重为 14.2%①，已超过深度老龄化社会的界定标准，这意味着我国在 2021 年进入了深度老龄化社会②。由此可知，我国从 2000 年进入人口老龄化社会到 2021 年进入深度老龄化社会，这一过程仅用了 21 年，明显快于除韩国外的其他国家。

表 3 - 1　　　　人口老龄化进程的国际比较

国家	进入老龄化社会的时间	进入深度老龄化社会的时间	时间间隔（年）
美国	1955 年之前	2014 年	>59
意大利	1950 年以前	1988 年	>38
法国	1950 年以前	1990 年	>40
西班牙	1950 年以前	1992 年	>42
加拿大	1955 年之前	2010 年	>55
澳大利亚	1937 年	2013 年	76
俄罗斯	1967 年	2017 年	50
日本	1971 年	1995 年	24
韩国	2000 年	2018 年	18
中国	2000 年	2021 年	21

资料来源：联合国、经合组织、世界银行、澳大利亚健康和福利研究所、中国国家统计局。

（三）老年人口高龄化

如图 3 - 4 所示，自 2000 年进入人口老龄化社会以来，我国 65 岁及以上的老年人口保持持续增长。与此同时，我国 80 岁及以上的高龄老年人口也在不断增加，我国的人口老龄化呈现出高龄化趋势③。首

① 数据来源：国家统计局。

② 深度老龄化社会是指 65 岁及以上老年人口在总人口中的比例超过 14%。

③ 在人口学中，通常将 80 岁及以上的老年人口定义为高龄老年人口，并用其占比作为人口高龄化的衡量指标。

先，从绝对值的角度来看，2000～2020年，我国80岁及以上的高龄老年人口由2000年的1199万，增加到2020年的3580万，涨幅为198.58%；而65岁及以上的老年人口由2000年的8821万，增加到2020年的19064万，涨幅为116.12%，高龄老年人口的涨幅明显大于总老年人口的涨幅[①]。其次，从相对值的角度来看，2000～2020年间，不仅65岁及以上老年人口占总人口的比重在增加，而且我国80岁及以上的高龄老年人口占总老年人口的比重也在不断增加，由2000年的13.59%增长为2020年的18.78%，上涨了5.19个百分点。最后，从增长速度来看，2000～2020年，我国80岁及以上高龄老年人口的平均增长速度为5.28%，要快于65岁及以上老年人口的平均增长速度3.78%。综上所述，我国的人口年龄结构不仅呈现出老龄化的趋势，而且我国的老年人口还呈现出高龄化趋势。

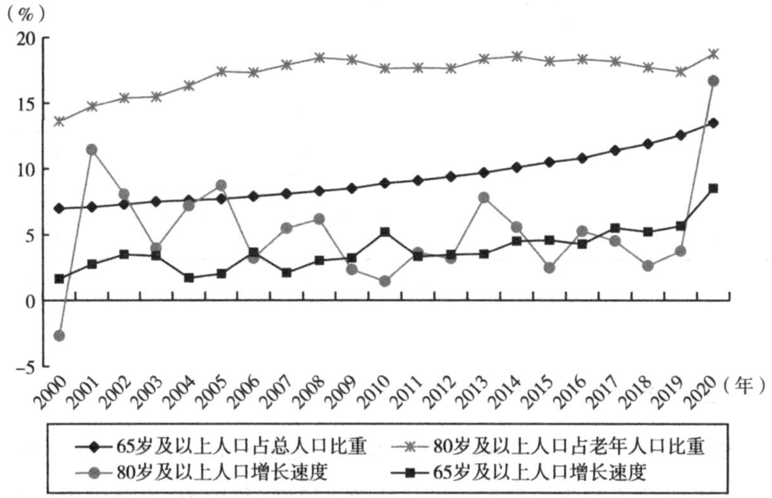

图3－4 2000～2020年我国老年人口和高龄老年人口变化趋势

资料来源：《中国统计年鉴》和《中国人口和就业统计年鉴》。

① 数据来源：《中国统计年鉴》和《中国人口和就业统计年鉴》。

（四）与经济发展不协调

与发达国家不同，我国的人口老龄化水平与社会经济发展水平相脱节，呈现出“未富先老”的特点。然而，从世界其他国家的老龄化进程来看，特别是对于那些人口老龄化起步较早、程度较深的发达国家，其在步入人口老龄化社会时基本实现了现代化，国民收入水平较高，人均国内生产总值大多在2000美元以上，属于“先富后老”型或是“即富即老”型。例如，日本在1971年进入人口老龄化社会时，人均国内生产总值为2272美元，而我国在2000年进入人口老龄化社会时，人均国内生产总值仅为959美元，国民收入水平较低[①]。虽然这种对比的科学性和合理性受到学者们的质疑，但也可以在一定程度上反映我国的人口老龄化水平与经济发展水平的不协调。国内学者莫龙（2009）通过构建人口老龄化经济发展协调指数来反映一个国家或地区的人口老龄化与经济发展之间的协调程度，其研究结果表明1980～2050年我国的人口老龄化与经济发展之间的协调性较差，我国的人口老龄化水平明显快于经济发展水平，两者严重脱节，并且这种不协调性在西部地区更为突出；同时，从国际比较的角度来看，我国人口老龄化与经济发展程度之间的不协调性一直处于世界较高水平，特别是与同时期的经济发展水平相近或更低的发展中国家相比，我国的人口老龄化与经济发展之间的协调性是最差的[②]。

此外，从老年抚养比和人均GDP增长速度也可以看出我国的人口老龄化进程与经济发展不太协调。如图3－5所示，2000～2020年，我国的老年抚养比呈持续上升趋势，由2000年的9.9%增加到2020年的19.68%，增加近1倍；与此同时，我国的人均GDP增长速度则呈现出先升后降的趋势，到2020年人均GDP增长率降为

① 数据来源：陈浩等．关于我国人口转型的认识和应对之策［R］．中国人民银行工作论文，2021.

② 莫龙．1980～2050年中国人口老龄化与经济发展协调性定量研究［J］．人口研究，2009（03）：10－19.

2.5%。特别是在2011年之后，伴随着我国老年抚养比的大幅上升，我国的人均GDP增长率出现了急速下降。由此可见，我国的人口老龄化进程同时伴随着经济增长减缓，人口老龄化水平与社会经济发展水平严重脱节，人口老龄化形势严峻。

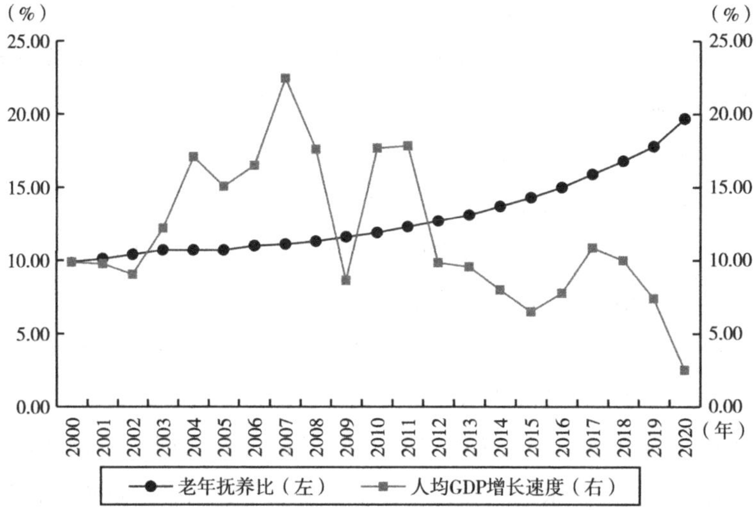

图3-5　2000~2020年我国的老年抚养比与经济增长

资料来源：2000~2021年《中国统计年鉴》。

（五）老龄化发展不均衡

1. 地区发展不均衡

我国幅员辽阔，不同省份的人口老龄化进程会因各地区的经济发展水平、居民收入水平、医疗服务水平和社会保障水平等的不同而呈现出一定的差异性。从全国层面来看，我国已在2000年步入了人口老龄化社会；但从各省份的具体情况来看，2000年只有北京、天津、山东、上海、浙江、江苏、辽宁、重庆、安徽、四川、湖南和广西等12个省份的65岁及以上老年人口占比超过了7%，且这些省份主要集中在我国东部地区，具体见表3-2。在所有省份中，上海的老年人口占比最高，为11.53%，高出全国平均水平4.53个百分点；青海的老年人口占比最低，为4.33%，低于全国平均水平2.67个百分点，老年人口占比最高的省份和最低省份之间相差7.2个百分点。从地区层面来看，2000年我国东部地区的老年人口占比水平要普遍高于其他两个地区，且西部地区最低。此外，从表3-2可知，2000~2020年我国各省份的老年人口占比水平都有了不同程度的增加。其中，黑龙江的增幅最大，增长了1.9倍；吉林和甘肃次之，分别增长了1.7倍和1.5倍；西藏的增幅最小，仅增长了26.07%。到了2020年，除西藏以外，其他省份65岁及以上老年人口的比重都明显超过了7%。在所有省份中，辽宁的老年人口占比最高，为17.42%，高出全国平均水平3.9个百分点；西藏的老年人口占比最低，为5.67%，低于全国平均水平7.85个百分点。老年人口占比最高的省份和最低省份之间相差11.75个百分点，与2000年相比，两者的差距进一步扩大。从地区层面来看，由于中西部地区老年人口的增加速度要快于东部地区，从而使得中西部地区老年人口占比逐渐接近甚至赶超东部地区。2020年，中部地区老年人口占比最高，为14.13%；东部地区次之，为13.35%；西部地区最低，为13.13%。

此外，从全国各地区和各省份城乡中老年人口的占比水平也可以看出地区差异，具体如表3-2所示。首先，从地区层面来看，我国各地区城乡中老年人口的占比水平存在一定的地区差异。一方面，从农村人口来看，2020年我国东中部地区农村人口中老年人口的平均占比水平分别为18.62%和18.09%，明显高于西部地区农村人口中老年人口的平均占比水平16.37%；另一方面，从城镇人口来看，2020年我国东中部地区城镇人口中老年人口的平均占比水平分别为11.18%和11.46%，也明显高于西部地区农村人口中老年人口的平均占比水平10.71%。其次，从省级层面来看，我国各省份城乡中老年人口的占比水平也存在明显的地区差异。一方面，从农村人口来看，2020年，除西藏外其他各省份农村人口中65岁及以上老年人口的占比都超过了7%。其中，最高的是重庆26.07%，最低的是西藏

6.18%，两者相差19.89个百分点。另一方面，从城镇人口来看，2020年，除西藏外其他各省份城镇人口中65岁及以上老年人口的占比都超过了7%。其中，最高的是上海15.94%，最低的是西藏4.76%，两者相差11.18个百分点。

表3-2　2000年与2020年我国各地区老年人口占比　（单位：%）

地区	2000年			2020年		
	全部	城镇	农村	全部	城镇	农村
全国	7.00	6.30	7.35	13.52	11.14	17.72
东部地区	7.70	6.79	8.48	13.35	11.18	18.62
北京	8.36	8.36	8.35	13.30	12.98	15.53
天津	8.33	8.49	7.91	14.75	14.17	17.96
河北	6.86	5.67	7.28	13.92	11.65	17.34
海南	6.58	5.29	7.44	10.43	9.08	12.48
广东	6.05	4.94	7.41	8.58	7.04	13.01
辽宁	7.83	7.92	7.72	17.42	15.64	22.00
上海	11.53	11.24	13.73	16.28	15.94	19.09
江苏	8.76	7.39	9.73	16.20	13.19	24.51
浙江	8.84	7.10	10.51	13.27	10.32	20.90
福建	6.54	5.74	7.11	11.10	8.89	15.95
山东	8.03	6.21	9.15	15.13	11.92	20.62
中部地区	6.63	5.82	7.04	14.13	11.46	18.09
吉林	5.85	5.98	5.72	15.61	14.01	18.28
黑龙江	5.42	5.89	4.92	15.61	14.78	17.20
安徽	7.45	6.53	7.80	15.01	11.42	20.03
江西	6.11	5.50	6.34	11.89	9.63	15.33
河南	6.96	5.73	7.33	13.49	10.36	17.37
湖北	6.31	5.61	6.78	14.59	11.94	19.06
湖南	7.29	5.89	7.88	14.81	11.97	18.86
山西	6.20	5.22	6.73	12.90	9.86	17.97

续表

地区	2000 年			2020 年		
	全部	城镇	农村	全部	城镇	农村
西部地区	6.36	5.85	6.57	13.13	10.71	16.37
重庆	7.90	7.62	8.04	17.08	13.12	26.07
四川	7.45	6.82	7.67	16.93	13.12	21.92
贵州	5.79	5.42	5.91	11.56	8.69	14.81
云南	6.00	5.46	6.16	10.75	9.40	12.09
西藏	4.50	2.84	4.89	5.67	4.76	6.18
陕西	5.93	5.67	6.06	13.32	10.75	17.64
甘肃	5.00	4.86	5.04	12.58	10.04	15.37
青海	4.33	4.42	4.28	8.68	8.47	9.00
宁夏	4.47	4.62	4.39	9.62	8.34	11.99
新疆	4.53	4.37	4.61	7.76	8.27	7.10
内蒙古	5.35	4.85	5.72	13.05	10.86	17.61
广西	7.12	6.00	7.56	12.20	9.66	15.21

资料来源：2001 年、2021 年《中国人口和就业统计年鉴》。

2. 城乡发展不均衡

受城乡二元经济结构和人口流动的影响，我国人口老龄化进程表现出明显的城乡差异。首先，从全国层面来看，我国城乡人口中老年人口占比存在一定的差距，且差距在不断扩大。如表 3－2 所示，2000 年，我国农村人口中老年人口占比为 7.35%，高于全国平均水平 0.35 个百分点；城镇人口中老年人口占比为 6.3%，低于全国平均水平 0.7 个百分点。由此可知，2000 年我国城乡人口中老年人口占比相差 1.05 个百分点，差距不是很大。但由于长期以来我国农村人口中老年人口的增长速度快于城镇人口中老年人口的增长速度，从而导致我国城乡人口中老年人口占比的差距在不断扩大。到了 2020 年，我国农村人口中老年人口占比为 17.72%，高于全国平均水平 4.2 个百分点；城镇人口中老年人口占比为 11.14%，低于全国平均水平 2.38 个百分点。由此可知，2020 年我国城乡人口中老年人口占比相差6.58个百分点，与2000年相比差距明显扩大。这主要是因为2000~2020年，我国农村人口中老年人口占比提高了1倍多，而城镇人口中老年人口占比仅提高了76.83%，明显小于农村人口中老年人口占比的上涨幅度。

其次，从地区层面来看，2000年我国东部地区农村人口中老年人口的平均占比为8.48%，城镇人口中老年人口的平均占比为6.79%，两者相差1.69个百分点；中部地区农村人口中老年人口的平均占比为7.04%，城镇人口中老年人口的平均占比为5.82%，两者相差1.22个百分点；西部地区农村人口中老年人口的平均占比为6.57%，城镇人口中老年人口的平均占比为5.85%，两者相差0.72个百分点。由此可见，2000年我国东中西三个地区农村人口老年人口占比均高于本地区城镇人口中老年人口占比，且两者之间的差距东部地区最大，中部地区次之，西部地区最小。然而，由于2000~2020年我国东中西三个地区农村人口中老年人口占比的增长速度要快于其城镇人口中老年人口的增长速度，从而导致我国东中西三个地区人口老龄化进程中的城乡差距在进一步扩大。到了2020年，我国东部地区农村人口中老年人口的平均占比为18.62%，城镇人口中老年人口的平均占比为11.18%，两者相差7.44个百分点；中部地区农村人口中老年人口的平均占比为18.09%，城镇人口中老年人口的平均占比为11.46%，两者相差6.63个百分点；西部地区农村人口中老年人口的平均占比为16.37%，城镇人口中老年人口的平均占比为10.71%，两者相差5.66个百分点。由此可见，2020年我国东中西三个地区农村人口老年人口占比仍明显高于其城镇人口中老年人口占比，且两者之间的差距东部地区最大，中部地区次之，西部地区最小，具有明显的固化趋势。此外，与2000年相比，这三个地区的城乡差距均有明显的扩大。

最后，从省级层面来看，2000年，除黑龙江、天津、吉林、宁夏、辽宁、青海和北京除外，其他各省份农村人口中老年人口的占比水平都要高于其城镇人口中老年人口的占比水平。其中，浙江的城乡差距最大，两者相差3.41个百分点；北京的城乡差距最小，两者相差0.01个百分点。到了2020年，除新疆外，其他各省份农村人口中老年人口的占比水平都要高于其城镇人口中老年人口的占比水平。其中，重庆的城乡差距最大，两者相差12.95个百分点；青海的城乡差距最小，两者相差0.53个百分点。并且，在2000～2020年，除了新疆、西藏、青海和上海除外，其他各省份农村人口中老年人口占比的增长速度都要快于城镇人口中老年人口占比的增长速度，这就使得绝大多数省份城乡人口中老年人口占比的差距在不断扩大。

综上所述，由于受计划生育政策、城乡二元经济结构、人口基数较大等长期基本国情的影响，我国的人口老龄化呈现出老年人口规模大、老龄化速度快、老年人口高龄化、人口老龄化与经济发展不协调、老龄化发展不均衡等特点，这使得我国面临的人口老龄化问题更为严重。首先，我国的老年人口总量大、增长快，这会在很大程度上恶化我国的人口老龄化形势；其次，老年人口的高龄化给我国的医疗技术水平和社会保障体系提出了更高的要求；最后，我国的人口老龄化还呈现“未富先老”的特点，老龄化速度与社会经济发展水平相脱节，人口老龄化进程伴随着经济增长减缓，这使得我国面临的人口老龄化形势更为严峻。此外，我国人口老龄化进程中的发展不均衡问题也值得注意，在制定解决方案时要注重地区差异和城乡差异。

二、我国人口老龄化的成因

根据人口转变理论可知，人口增长模式将随着社会经济的不断发展和现代化进程的不断推进而最终转为“低人口出生率、低人口死亡率和低人口自然增长率”的类型。在这一转变过程中，人口年龄结构也将发生改变，老年人口占比将逐渐提高，从而产生人口老龄化问题。所以说，人口老龄化是人口随着社会经济的发展的必然趋势，主要由人口增长模式转变造成。新中国成立以来，我国的人口增长模式也经历了相似的转变。因此，我们可以借助人口转变理论，从人口学的角度来探讨和分析我国人口老龄化的形成原因。

（一）生育率下降

新中国成立初期，为克服长期战争对社会经济带来的严重伤害，国家并未对人口生育实行限制政策，因此，新中国成立初期我国的人口总量增长迅速，人口出生率基本维持在36‰～37‰的高水平。到了20世纪70年代，我国开始实行严格的计划生育政策，为了落实该政策，政府不仅采用经济手段，还实施了强制性的行政手段，从而取得了明显的效果，带来了我国生育率、人口出生率和人口自然增长率的持续下降。首先，从生育率的变化来看，我国的总和生育率由1970年的5.81下降为1980年的2.24，下降幅度较大；其次，从人口出生率的变化来看，其由1970年的33.59‰下降为1980年的18.21‰，下降了45.79%；最后，从人口自然增长率的变化来看，其由1970年的25.95‰下降为1980年的11.87‰，下降了54.26%，下降幅度更大[①]。之后，随着计划生育政策的继续推行，我国总和生育率进一步下降，由1982年的2.89下降为1992年的1.86，已低于人口自然替代率水平。计划生育政策的长期实行不仅减缓了我国人口总量的增长速度，还改变了我国的人口年龄结构，从而导致我国人口老龄化进程不断加速。近十年来，随着人口老龄化问题的日益严峻，我国开始逐步调整生育政策、放开生育，这在一定程度上促进了生育率的提升和少儿人口数量的回升，但从总体来看，效果并不明显。第七次人口普查数据显示，2020年我国育龄妇女总和生育率为1.3，远低于人口自然替代率水平。2021年我国新出生1062万人口，人口出

① 数据来源：《中国人口和就业统计年鉴》。

生率为7.52‰[①]，新出生人口和出生率都达到了新中国成立以来的历史最低水平。

并且，随着社会经济的发展，生育观念的改变，居民的生育意愿也在不断下降。与其他发达国家相比，我国养育孩子的经济成本和机会成本都较大，部分居民特别是一些年轻人的生育意愿较小，这就导致我国居民的实际生育率要低于意愿生育率。此外，社会保障体系的日益完善会对居民老年后的生活起到保障作用，这在一定程度上会缓解老年人对子女的依赖，也会对居民的生育意愿产生抑制作用，从而导致生育率水平难以提高。因此，受生育成本、生育观念、医疗保障水平等因素的影响，我国育龄妇女的生育意愿较低，大概在1.8左右[②]，社会实际存放的生育潜力尚未充分发挥出来。生育意愿不断降低所带来的生育率降低也会在一定程度上加速我国人口老龄化的形成。

（二）人口死亡率降低，预期寿命延长

除了生育率外，人口死亡率的降低和预期寿命的延长也是促成人口老龄化形成和加速的重要因素。新中国成立以来，我国社会经济呈快速发展趋势，无论是居民生活水平，还是医疗保障水平都得到了极大的提高，这不仅使我国的人口死亡率在不断下降，也使我国的人口平均预期寿命在不断延长。1949年我国的人口死亡率为20‰，处于较高水平，随后一直呈不断下降趋势。到了1958年，我国的人口死亡率下降为11.98‰，相比于1949年下降了40%[③]。随后出现的自然灾害使得经济社会发展受到严重冲击，人口总量因灾减少，人口死亡率也出现了骤然上升。在此之后，我国人口死亡率又呈现出不断下降的趋势。国家统计局的最新数据显示，2021年我国的人口死亡率为7.18‰，明显处于低水平阶段。与此同时，我国的人口平均预期寿命也在不断延长，由新中国成立初期的35岁延长至现在的78岁，延长

①②③　数据来源：国家统计局。

了一倍多。以上两方面因素的共同作用使得我国人口年龄结构中老年人口的数量越来越多，所占比重也越来越大，从而促进了人口老龄化的形成和加速。

通过上述分析可知，在新中国成立初期，我国的人口出生率和人口死亡率均处于高水平阶段。然而，随着社会经济的发展，我国的人口出生率和人口死亡率总体上呈下降趋势，人口增长模式逐渐向“低人口出生率、低人口死亡率和低人口自然增长率”模式转变，使得我国人口的年龄结构也随之发生转变，进而导致了人口老龄化问题。现阶段，我国的人口出生率和人口死亡率有进一步下降的趋势，人口老龄化形势有继续恶化的趋势。

三、我国人口老龄化的发展趋势

（一）人口老龄化速度加快

如图 3－6 所示，我国即将进入人口老龄化的加速阶段，人口老龄化程度将进一步加深。首先，从绝对规模来看，2020～2060 年我国的老年人口将急速增加，并将在 2060 年达到其峰值 3.98 亿人，之后将开始下降，且下降速度小于之前加速上升阶段的增速，预计到 21 世纪末我国老年人口总量将达到 3.39 亿人，将是目前老年人口的 2 倍。其次，从相对规模来看，2020～2060 年是我国人口老龄化的快速增长期，人口老龄化程度不断加深，预计到 2035 年我国 65 岁及以上老年人口占总人口比重将首次突破 20%，到 2060 年将达到 30%，之后将长期维持在 30% 左右，形成人口老龄化的“高原”状态①（董克用和张栋，2017）。造成这一现象的主要原因是虽然在 2060 年以后我国 65 岁及以上老年人口数量开始下降，但由于其下降速度小于总人口数量的下降速度，因此导致我国 65 岁及以上老年人口占总

① 高原状态是指在相当长一段时期内保持高位而不下降。

人口比重将长期维持在30%左右。由此可见，我国将长期面临严重的人口老龄化问题。

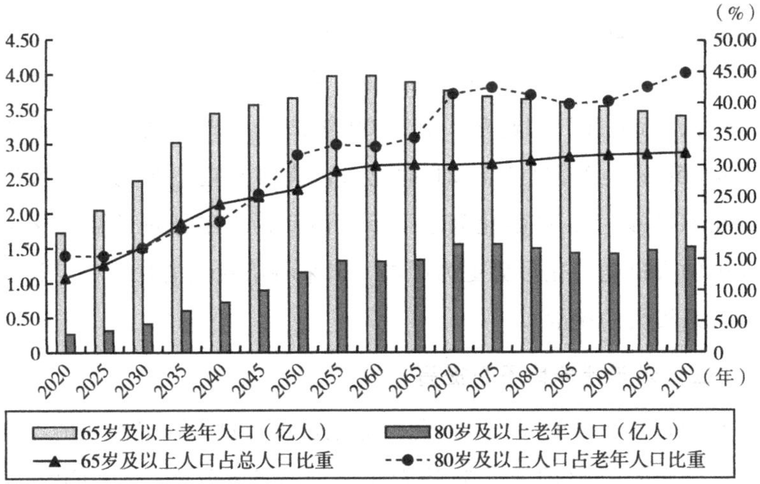

图3-6 2020~2100年我国人口老龄化的变化趋势

资料来源：United Nations, Department of Economic and Social Affairs, Population Division. *World Population Prospects*: *The* 2019 *Revision*, custom data acquired via website. https://population.un.org/wpp/.

（二）高龄化趋势加重

伴随着人口老龄化程度的不断加深，我国80岁及以上高龄老年人口的数量和占比也在不断增加，且呈持续增加趋势。如图3-6所示，在2020~2055年我国的高龄老年人口数量将增加近4倍，由2020年的0.27亿人增加为2055年的1.32亿人，增长速度较快，且快于同期老年人口的平均增长速度。这种趋势一直持续的后果就是导致我国高龄老年人口占比不断增加，在2020~2055年我国高龄老年人口占比将由2020年的15.45%提高为2055年的33.19%，提高1倍。2055~2065年我国高龄老年人口的数量较为稳定，基本维持在1.3亿人左右，但由于我国老年人口总量从2060年开始会出现下降，因此在该段时期我国的高龄老年人口虽然在绝对规模方面没有太大变化，但是从相对规模来看，我国高龄老年人口占比仍呈现出上升趋势。特别是在 2070 年，随着我国高龄老年人口在绝对数量上的迅速提升，其相对规模也出现了迅速增加，由 2065 年的 34.27% 增加为 2070 年的 41.26%，提高了 7 个百分点。在 2070 年之后，无论是从绝对规模来看，还是从相对规模来看，我国的高龄老年人口均呈现出“先下降，后上升”的趋势。到 2100 年，我国高龄老年人口占比将达到 44.56%，这意味着到 21 世纪末，我国有近一半的老年人口的年龄在 80 岁以上，高龄化问题严重。因此，不断加重的高龄化会使得我国的人口老龄化形势更为严峻，未来将给我国的社会稳定和经济发展带来极大的挑战。

（三）老年抚养比不断提高

我国日益严峻的人口老龄化形势也可以通过人口老龄化的经济指标——老年抚养比的变化趋势看出。如图 3－7 所示，2020～2100 年，我国的老年抚养比呈不断上升的趋势，且远超世界平均水平。2020～2060 年我国的老年抚养比呈快速上升趋势，将由 2020 年的 17.02% 上升为 2060 年的 53.11%，在 40 年间提高了 2 倍，这意味着与现在相比我国的养老负担将迅速增加。从国际比较的角度来看，2060 年我国的老年抚养比是世界平均水平的近 2 倍，养老负担要高于国际平均水平。并且由图 3－7 可知，2020～2060 年，我国的老年抚养比与世界平均水平之间的差距不断扩大，由 2020 年相差 2.76 个百分点，增加到 2060 年相差 24.36 个百分点。在 2060 年之后，由于我国老年人口开始下降，我国老年抚养比增速趋缓。但到了 2100 年，我国老年抚养比将达到 58.58%，仍远远超过世界平均水平。不断上升的老年抚养比意味着不断加重的养老负担，这在增加居民生活压力的同时，也增加了政府的财政压力。

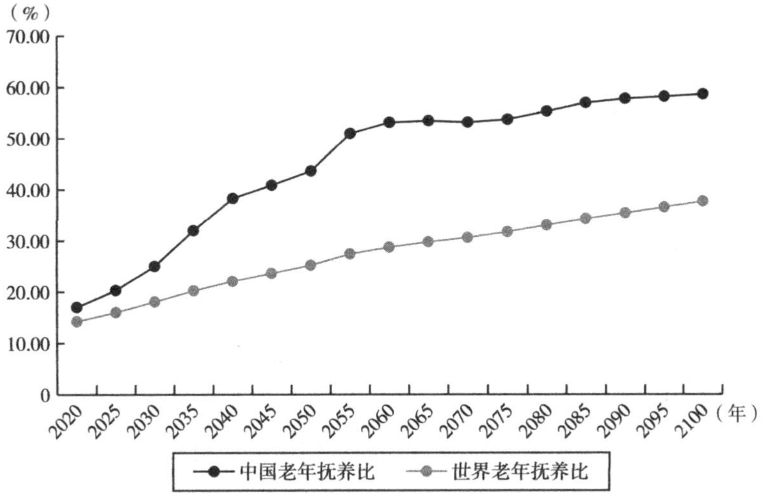

图 3-7 2020~2100 年我国及世界老年抚养比变化趋势

资料来源：United Nations，Department of Economic and Social Affairs，Population Division. *World Population Prospects*：*The* 2019 *Revision*，custom data acquired via website. https：//population. un. org/wpp/.

第二节 我国财政可持续性的现状分析

现有研究中关于政府财政可持续性的评估方法较多。本节主要采用指标分析法，通过一些常用的、代表性强的评价指标，从财政平衡、政府债务、财政与经济的关系三个角度来对我国政府的财政可持续性状况进行直观判断。

一、财政平衡角度

从财政平衡的角度来看，财政可持续性指的是在一定时期内政府的各项财政收入能满足政府各项支出的一种状态。由此可见，财政收支平衡是政府维持财政可持续性的基本要求。因此，本研究首先从财政平衡的角度来对我国政府的财政可持续性状况进行分析，选用的指标是财政赤字率。

财政赤字率是评价政府财政可持续性的最常见指标之一，该指标可以直接反映政府财政收支的失衡程度。如果一个国家或地区政府的财政赤字率越高，则表明该国家或地区政府的财政收支失衡情况越严重，财政风险越大，财政可持续水平越低。有的学者是直接将《马斯特里赫特条约》规定的财政赤字率不高于3%作为政府维护财政可持续性需要保持的合理区间，虽然该参考标准备受质疑，但对评价我国财政健康状况仍有重要的参考价值。国内学者陈建奇等（2012）结合我国的具体国情提出，只要我国全国层面的财政赤字率水平保持在6.6%～7.8%或者以下，就不会对我国政府的财政可持续性构成威胁。图3－8展示了2008～2020年一般公共预算口径下的财政赤字规模的变化。从整体上看，我国的财政赤字规模呈快速增长趋势。2008年我国的财政赤字率仅为0.35%，财政赤字规模较小。2009年为了应对金融危机对我国社会经济的影响，政府开始推行积极财政政策，财政赤字规模大幅度增加，财政赤字率由2008年的0.35%提升为2009年的2.12%，提高了5倍。之后，我国的财政赤字规模在出现小幅度下降之后又开始上升，到2015年我国的财政赤字率上升到3.42%，首次突破了3%的国际警戒线，之后继续增长，到2020年我国的财政赤字率为6.17%，临近陈建奇等（2012）测算的安全线水平。若是从政府全口径预算赤字规模来看，2020年我国的财政赤字率为11.09%，明显超过陈建奇等（2012）测算的安全线水平，财政可持续状况不容乐观。

此外，我们还可以通过财政赤字率的国际比较来对我国政府的财政可持续性状况进行直观判断。由图3－9可知，2008～2015年我国财政赤字率较世界其他国家更低，不仅低于新兴发展中国家的平均赤字率水平，也远低于发达国家的平均赤字率水平。但在2015年以后，我国的财政赤字率先是超过了发达经济体的平均赤字率水平，后又超过了新兴发展中国家的平均赤字率水平，呈持续增长趋势。目前我国的财政赤字率水平较高，且已超过了合理区间，政府应引起重视，注意防范财政风险。

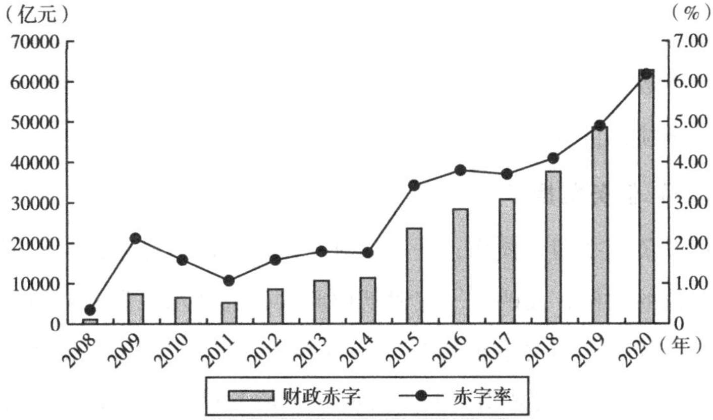

图 3-8　2008~2020 年我国财政赤字规模的变化

资料来源：2009~2021 年《中国统计年鉴》。

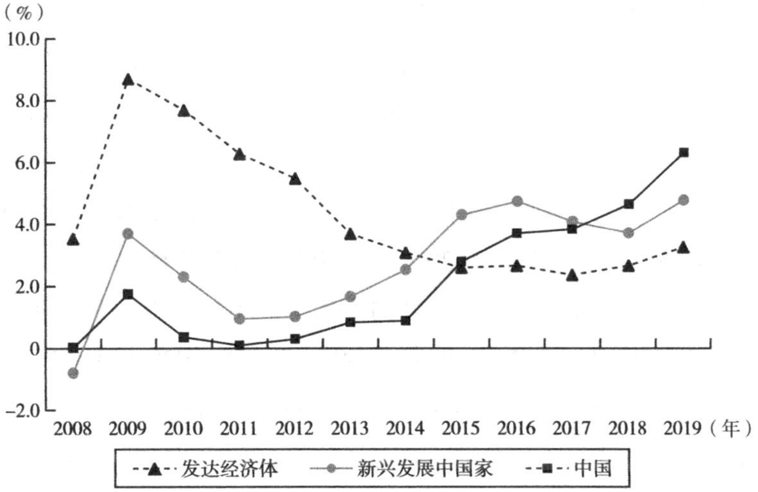

图 3-9　2008~2019 年我国财政赤字率与其他经济体的比较

资料来源：IMF《世界经济展望》数据库。

二、政府债务角度

财政可持续性的核心问题就是政府债务的偿还问题，因此，从债务角度来衡量和评价我国政府的财政可持续性状况是十分重要和必要的。鉴于数据的可得性，本研究选用的分析指标主要有债务负担率、债务率和债务依存度。

（一）债务负担率

债务负担率即负债率，是一定时期内政府的债务余额与同期国内生产总值的比值，反映了一定时期内政府的应债水平和政府债务对经济的影响程度，同时也能够反映政府债务融资的限度及其余留的空间[①]。债务负担率越高则表明政府面临的债务风险越大，财政可持续性水平就越低，反之则越高。如图 3－10 所示，自 2015 年版《预算法》赋予地方政府举债权以来，我国的政府债务规模不断扩大，全国政府债务余额由 2015 年的 254167.96 亿元增加到 2020 年的 465520.52 亿元，涨幅为 83%。2015～2020 年间我国政府债务余额的年均增长率达到 13%，增长较快。但从政府债务余额占 GDP 的相对规模来看，2015～2019 年我国的债务负担率水平相对稳定，基本维持在 36.8% 左右。到 2020 年，受新冠肺炎疫情的影响，我国经济增长率急速下滑，降为 2.5%。与此同时，我国的政府债务规模大幅度增加，由 2019 年的 381135.82 亿元增加为 2020 年的 465520.52 亿元，增速为 22%，远超经济增长速度。在两者的共同作用下，2020 年我国的债务负担率有大幅度提升，由 2019 年的 38.46% 提高为 2020 年的 45.82%，提高了 7 个百分点。从整体来看，目前我国的债务负担率还未超过 60% 的国际警戒线，债务水平尚处于合理区间之内。但需要注意的

① 财政风险指数框架研究［J］. 中国财政科学研究院宏观经济研究中心课题组，刘尚希，白景明，石英华，罗建钢，王志刚，王宏利，张鹏. 财政科学. 2016（04）：5－23.

是，上述分析未考虑政府的隐性债务。若将政府的隐性债务统计在内，我国广义上的政府债务负担率将在93%～105%，明显超过60%的国际警戒线①。

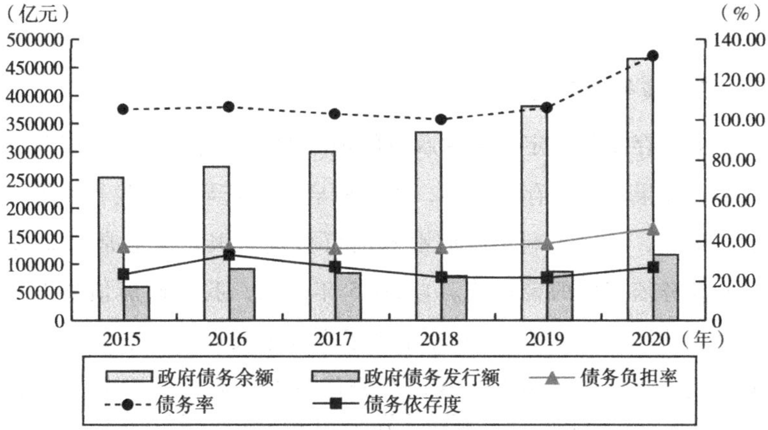

图3－10　2015～2020年我国政府债务规模

资料来源：2015～2020年全国财政决算报告。

（二）债务率

债务率是一定时期内政府的债务余额与同期可支配财力之间的比值，反映了政府对债务的偿付能力。债务率的国际警戒线为100%，但其在我国的适用性受到了质疑。国内学者郭玉清等（2017）结合我国的实际国情，提出应将150%作为我国债务率的警戒线。如图3－10所示，在2020年之前，我国的债务率比较稳定，基本维持在国际警戒线100%左右。但在2020年，我国的债务率水平大幅度提高，由2019年的106%提高为2020年的132%，增加了24.53%。这可能是因为受新冠肺炎疫情的影响，一方面政府的可支配财力减少，另一方面政府的债务规模在不断增加，在两者的共同作用下，我国的债务率

① 王金秀．积极财政政策更可持续之辨析——2021年两会财政预算报告解读［J］．财政监督，2021（7）：18－21．

水平出现了大幅度提高，逐渐接近郭玉清等（2017）测算的债务率警戒线。此外，由于疫情的影响还在继续，我国的债务率水平很有可能会进一步提高，甚至超过150%的警戒线。需要指出的是，由于隐性债务数据难以获取，上述分析仍未考虑政府的隐性债务。若将隐性债务统计在内，我国的债务率水平很有可能已经超过了150%。

（三）债务依存度

债务依存度是一定时期内政府的债务发行额与同期政府财政支出的比值，如果债务依存度过高，表明政府过度依靠债务发行来筹措公共财政资金，从而不利于政府财政的可持续。国际上通常将20%作为政府债务依存度的警戒线。自2015年以来，我国政府债务发行额呈"波浪式"增长，在2016年出现了大幅增长后开始下降，到2020年又出现大幅增长，2020年我国政府债务发行额为117307.75亿元，大约是2015年的2倍。政府债务依存度的变化和政府债务发行额的变化基本同步，也呈"波浪式"增长，并在2016年达到最高点32.58%，见图3-10。总体来看，2015~2020年，我国的债务依存度一直位于国际警戒线20%之上，意味着我国政府较多地依赖债务发行来筹措公共财政资金，因此，不利于公共财政的长期可持续。

通过上述分析可知，基于政府显性债务计算的债务依存度已超过国际设定的安全线范围，表明政府财政支出对债务发行的依赖程度较大，需要加以控制。基于政府显性债务计算的债务负担率和债务率尚在安全范围之内，但如果将政府的隐性债务考虑进去，这些指标值很有可能已经超过了警戒线，需要引起重视，政府应加强债务管理，避免引发债务风险。

三、财政与经济关系角度

财政可持续离不开经济可持续，同样，经济可持续也离不开财政可持续，因此，有必要通过考察财政与经济的关系来对我国政府的财政可持续性状况进行评价，选用的指标主要有财政依存度和 IFS 指数。

（一）财政依存度

财政依存度是基于财政可持续和经济可持续的关系构建的评价指标，是一定时期内政府的财政收入与同期国内生产总值的比值，反映了一定时期内政府对宏观经济的调控能力以及对社会资源的占有情况。当财政依存度过低时，表明政府占有的社会资源过少，不足以满足政府职能的实现，无法保证财政的正常运行，不利于政府财政的可持续；当财政依存度过高时，表明政府占有的社会资源过多，挤出效应明显，社会经济效率与资源配置水平将受到负面影响，不利于经济可持续的同时，也不利于财政可持续。因此，财政依存度不宜过高，也不宜过低，只有位于合理区间时，才能有利于经济可持续和财政可持续。国内学者邓晓兰和陈宝东（2017）根据我国财政依存度、经济增长和财政缺口的变化规律，提出我国财政依存度的合理区间是 15% ~22%，这就意味着只要我国的财政依存度维持在该合理区间之内，就会有利于社会经济的长远发展和公共财政的可持续。

由图 3 – 11 可知，2008 ~2021 年，我国的财政依存度基本维持在合理区间之内，仅在 2015 年突破了财政依存度的合理上限。此外，从图 3 – 11 中财政收入和 GDP 的动态变化还可以看出，当财政收入的增长速度大于 GDP 增长速度时，财政依存度会不断上升；当财政收入增长速度和 GDP 增长速度保持一致时，财政依存度基本保持不变；当财政收入增长速度小于 GDP 增长速度时，财政依存度会不断下降。并且，财政依存度的变化幅度取决于财政收入增长速度和 GDP 增长速度之间的差距，两者的差距越大，财政依存度的变化幅度也就越大。近年来，由于我国财政收入的增长速度要小于 GDP 的增长速度，这就导致我国财政依存度的不断下降，逐渐逼近合理区间的下限，这将不利于财政和经济的可持续。

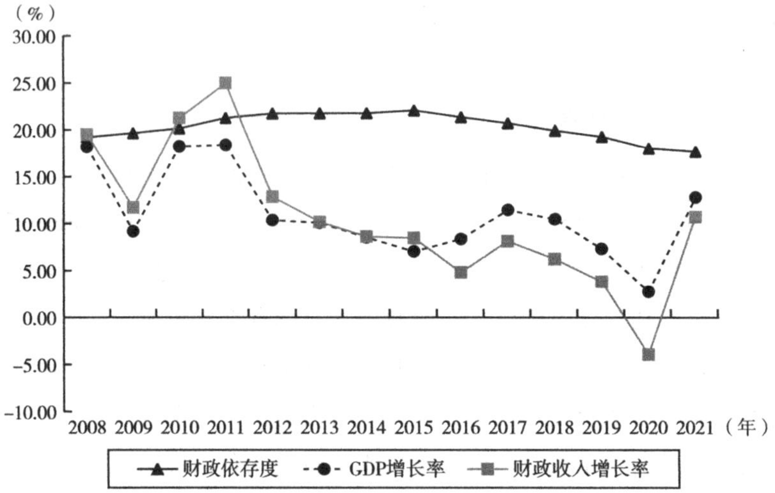

图 3-11　2008~2021 年我国财政依存度、经济增长率和财政收入增长率

资料来源：国家统计局官网。

（二）IFS 指数

IFS 指数是由 Yanagita 和 Hutahaean（2002）根据 Domar 的财政可持续性条件构造的财政可持续性指数，其等于政府债务的年增长率减去名义经济增长率。当 IFS 指数为负时，Domar 的财政可持续性条件得到满足，政府的债务负担率将是收敛的，这就意味着政府财政是可持续的；当 IFS 指数为正时，Domar 的财政可持续性条件不能被满足，表明政府的财政是不可持续的[①]。从表 3-3 的测算结果可知，2015 年我国的 IFS 指数为负，我国政府债务的年增长率小于名义 GDP 的增长率，Domar 的财政可持续性条件得到满足，财政是可持续的。之后，我国政府债务开始迅速增长，增长速度较快，甚至超过了经济增长速度，导致 Domar 的财政可持续性条件不能得到满足，财政是不可持续的。从 2018 年开始，我国政府债务的年增长率开始高于

---

① Yanagita T, Hutahaean P. Maintenance of the fiscal sustainability, Chapter 4 [J]. Handbook of Fiscal Analysis, Agency of Fiscal Analysis, Ministry of Finance, the Republic of Indonesia, 2002.

名义GDP增长率，IFS指数变为正数，财政变得不可持续。特别是近几年，受经济下行压力的影响和新冠肺炎疫情的冲击，我国的经济增长率出现了快速下滑，但与此同时，我国的政府债务规模却在快速增长，这就造成我国政府债务的年增长率与名义GDP增长率之间的差额迅速扩大，2018～2020年增加了近19倍。2020年，我国政府债务的年增长率为22.14%，远远高于名义GDP的增长率2.99%。因此，根据IFS指数显示的政府债务和经济增长的动态变化路径来看，近年来我国政府债务的增长速度严重超过了经济增长速度，这意味着我国的政府债务负担率有继续上升的趋势，政府的偿付压力会继续增加。当政府难以偿付时，财政也就变得不可持续了。

表3－3　我国的财政可持续性指数（IFS指数）

年份	政府债务增长率（%）	名义GDP增长率（%）	IFS指数	是否可持续
2015	1.78	7.04	－5.26	可持续
2016	7.50	8.35	－0.85	可持续
2017	9.75	11.47	－1.72	可持续
2018	11.46	10.49	0.97	不可持续
2019	14.04	7.31	6.73	不可持续
2020	22.14	2.99	19.15	不可持续

数据来源：根据财政部和国家统计局公布的数据整理计算而得。

通过对上述各评价指标的分析，我们可以对我国的财政可持续性状况进行基本的判断。首先，从财政平衡的角度来看，财政赤字率的分析结果显示目前我国财政赤字增长较快，财政赤字规模较大，已经超过国际警戒线水平。未来我国的财政赤字规模有继续扩大的趋势，长期内的财政收支平衡将难以实现，政府的财政可持续性将受到威胁。其次，从政府债务的角度来看，根据显性政府债务计算出来的债务负担率和债务率尚在合理区间之内，但债务依存度已经明显超过国际警戒线，表明政府较多地依赖债务发行来筹措公共财政资金，这将不利于财政的长期可持续。如果将政府的隐性债务考虑在内，我国的债务负担率和债务率很有可能已经超过安全线，因此，政府应引起重视，加强债务管理，防范债务风险。最后，从财政和经济关系角度来看，目前我国的财政依存度还处于合理区间之内，表明我国财政收入和经济是相互协调的。但 IFS 指数的分析结果显示，目前我国政府债务的增长率要远远大于名义 GDP 的增长率，财政可持续性条件无法满足，财政是不可持续的。综上所述，目前我国的财政可持续状况不容乐观，应引起政府重视。

第三节　人口老龄化对财政可持续性的冲击

一、政府责任加重，支出压力增大

通过前文分析可知，为了积极面对人口老龄化所带来的问题和挑战，政府会加大对医疗卫生、社会保障等福利性支出方面的投入，从而导致医疗卫生支出和社会保障支出等福利性公共支出的迅速增加，进而推动财政支出总规模的迅速增加，这是人口老龄化给政府财政可持续性带来的直接冲击。以财政医疗卫生支出为例，2007～2021 年，我国的财政医疗卫生支出由 2007 年的 1989.96 亿元增加为 2021 年的 19204.81 亿元，增加了 8 倍；与此同时，其占财政支出的比重也出现了明显的增加，由 2007 年的 4.0% 提高到 2021 年的 7.8%，提高了近 4 个百分点，涨幅为 95%。[①] 由此可见，无论是从绝对规模来看，还是从相对规模来看，我国的财政医疗卫生支出规模都有了大幅度增加。有学者认为，在人口老龄化进程中，少年人口比重的降低会减少政府的教育支出，从而部分抵消人口老龄化对财政支出的推动作

① 数据来源：国家统计局。

用。但从现实情况来看，由于对教育的重视，自 2007 年以来，我国的财政教育支出一直增加，由 2007 年的 7122.32 亿元增加为 2021 年的 37621.27 亿元，增加了 4 倍，其占财政支出的比重较为稳定，基本维持在 15% 左右。[①] 总的来说，人口老龄化会推动财政支出规模的扩大，给财政运行带来巨大的支出压力。

人口老龄化对财政支出的压力还表现在政府支出责任的增加，这主要是因为政府财政对社会保险基金收支缺口负有兜底责任。在人口老龄化社会，老年人口的日益增加会使得社会保险基金难以保持平衡，这些最终都将由政府负责，从而增加政府财政运行的压力。以基本养老保险基金为例，人口老龄化会加剧基本养老保险基金的收支不平衡，增加政府的财政负担，从而对财政可持续性造成威胁。如图 3 - 12 所示，2012 ~ 2020 年我国基本养老保险基金支出的平均增长速度要快于同期基本养老保险基金收入的平均增长速度，这就导致 2012 年以后我国的基本养老保险基金的当年结余总体上呈下降趋势，在 2017 ~ 2018 年出现短暂上升之后，2019 年又开始下降，且下降速度变快。2020 年，我国基本养老保险基金的当年结余出现了负值，为 - 5427.9 亿元，这意味着我国的基本养老保险体系开始出现基金收入不足以弥补基金支出的问题，之后随着我国人口老龄化进入加速阶段，两者之间的缺口将继续快速扩大。董克用等（2019）预测我国基本养老保险基金的收支缺口在 2050 年将达到 41.55 万亿元，占当年 GDP 的 9.6%，这将给政府带来巨大的财政负担[②]。同样的，对于基本医疗保险体系而言，人口老龄化也会恶化基本医疗保险基金的收支平衡，并增加政府的支出责任。戈艳霞和王添翼（2021）预测我国基本医疗保险基金的当年结余将从 2026 年开始变为负值，累计结余将从 2034 年开始变为负值[③]，

---

① 数据来源：国家统计局。

② 董克用，郑垚，孙玉栋．我国社会保障体系财政负担预测研究［J］．新疆师范大学学报（哲学社会科学版），2019（6）：122 - 134．

③ 戈艳霞，王添翼．人口老龄化背景下医保基金可持续发展的风险分析［J］．中国医疗保险，2021（2）：20 - 25．

这最终将由政府来负责，从而加重政府的财政负担。

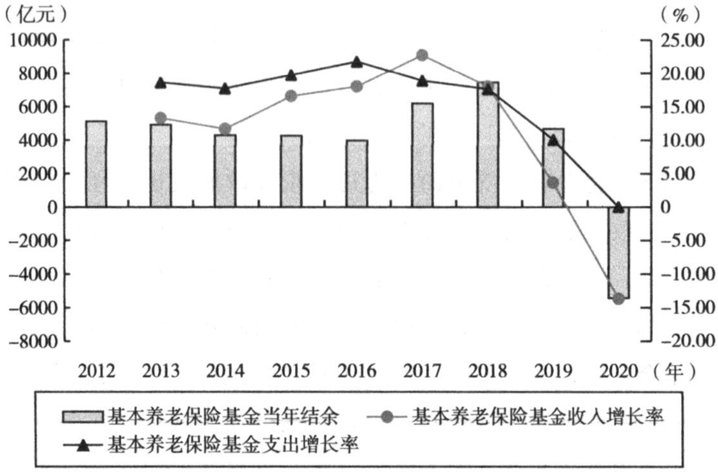

图 3-12　2012～2020 年我国基本养老保险基金收支变化趋势

资料来源：历年人力资源和社会保障事业发展统计公报。

二、税基缩减，财政收入减少

人口老龄化在对财政支出产生直接冲击的同时，也会对财政收入产生间接影响。这种间接影响主要是由于人口老龄化引起了劳动、消费等行为的变化，进而带动税基变动，对财政收入产生影响。人口老龄化会带来劳动供给的减少。如图 3-13 所示，在进入人口老龄化社会之初，我国的劳动年龄人口占比并没有出现下降，反而呈现出不断增加的趋势，但从 2011 年开始，我国的劳动年龄人口占比开始出现下降，到 2021 年下降为 68.3%，相比 2011 年下降了 6 个百分点。根据联合国的最新预测数据显示，我国的劳动年龄人口将继续快速下降，预计到 2100 年我国的劳动年龄人口占比将下降为 54.37%，相比 2021 年下降了 14 个百分点。由此可见，人口老龄化会带来劳动供给的减少。这一方面会直接缩小个人所得税的税基，减少个人所得税的收入；另一方面会使我国经济增长多年依赖的人口红利消失，经济增长放缓，税基减少。鲁泽特等（Rouzet et al.，2019）预测，在2018～2030年，劳动年龄人口的减少将会拖累我国年人均国内生产总值增长约0.1个百分点；在2030～2060年，这种负面影响会继续扩大，劳动年龄人口的继续下降将拖累我国年人均国内生产总值增长约0.3个百分点，抑制作用大于大多数的G20国家①。

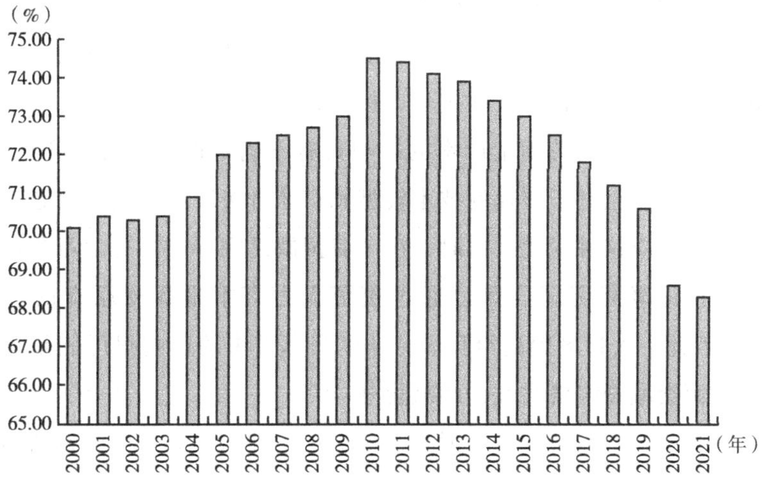

图3－13 2000～2021年我国劳动年龄人口占比的变化趋势

资料来源：国家统计局。

除了劳动人口减少的冲击外，人口老龄化还将通过劳动生产率对税基产生影响。一方面，人口老龄化可能会对劳动生产率产生负面影响，并可能在未来相当长的时间内继续拖累劳动生产率的增长。这是因为人口老龄化不仅会带来社会总人口的老龄化，还会带来劳动人口的老龄化。但与年轻劳动力相比，老年劳动力可能缺乏创业精神、创造力和创新能力②，并且经合组织成人技能调查的证据证实老年人在

① Rouzet，Sanchez，Renault T，et al. Fiscal challenges and inclusive growth in ageing societies［J］．OECD Economic Policy Papers，2019.

② Liang，James，Wang，et al. Demographics and Entrepreneurship［J］．Journal of Political Economy，2018（3）：78－115.

识字和算术能力方面的得分要低于年轻人①。因此，人口老龄化带来的劳动人口的老龄化会降低社会劳动生产率。同时，人口老龄化会通过改变消费结构而促使产业结构转向低生产性服务（如老年护理等），这也可能降低生产率。另一方面，人口老龄化可能会对劳动生产率产生正向影响。这是因为老年劳动力在知识型工作中积累的经验可能会弥补更多重复性工作中的生产率损失，并且随着医疗技术的发展，老年劳动力健康状况的改善也可能会抵消人口老龄化对生产率的影响。此外，人口老龄化还可能刺激企业进行技术革新来解决劳动力短缺的问题，从而促进技术进步，提高社会平均劳动生产率。由此可见，人口老龄化对劳动生产率的影响具有不确定性。但具体到我国，由于目前我国正处于快速的技术转型和产业升级阶段，这使得老年劳动力难以适应这种变化。同时，由于我国缺乏完善的终身学习和培训体系，使得老年劳动力难以通过投资人力资本来保持原有的生产力②。因此，人口老龄化给我国劳动生产率带来的影响很可能是负面的，进而会减缓经济增长，缩减税基。

此外，人口老龄化还会通过改变居民消费水平和居民消费结构来对税基产生影响。一般来说，人们的终身收入曲线呈驼峰状分布，老年群体的收入水平将明显低于其他群体。因此，当整个社会中老年人口占比不断提高时，社会的总体消费能力将会受到负面影响。特别是在我国，人口老龄化存在“未富先老”“未备先老”等特点，绝大多数人在步入老年阶段时并不富裕，加之我国的社会保障制度还不够完善，养老保障水平较低，未能为老年人提供普惠的、高水平的社会保障③。因此，与其他国家相比，我国老年人的收入水平较低，稳定性

---

① Paccagnella M. Age, Ageing and Skills: Results from the Survey of Adult Skills [J]. Oecd Education Working Papers, 2016 (8): 45 – 87.

② Liu B, Yang Z. Population aging shock and fiscal sustainability in china: Mechanism analysis and effect simulation [J]. The Singapore Economic Review, 2021, 66 (06): 1687 – 1708.

③ 禹四明. 人口老龄化的消费影响及应对策略 [J]. 求索, 2016 (04): 93 – 97.

较差，这都严重制约了我国老年人消费水平的提高。由此可见，日益严重的人口老龄化会削弱我国社会总体消费能力，降低社会平均消费水平，从而给政府组织财政收入带来负面影响。但也有学者认为，在人口老龄化社会，老年人口的增加会直接导致社会对医疗保健和长期护理等产品和服务需求的增加，从而推动老年产业的发展，为经济带来新的增长点，这将有利于税收收入的增加。然而，需要注意的是，为了提高老年人的生活水平、推动老年产业的发展，政府会制定一系列的税收优惠政策，例如对老年产品、服务和所得提供税收减免等，这些税收优惠政策都会削弱人口老龄化对税收收入的积极影响。

三、财政收支失衡加剧，财政风险加大

通过上述分析可知，人口老龄化对公共财政的影响是双方面的：一方面，人口老龄化会加重政府的财政支出责任和财政支出压力；另一方面，人口老龄化会导致税基缩减，财政收入减少。因此，人口老龄化会加剧政府的财政收支矛盾，从而对财政可持续性产生负面影响。由图 3 – 14 可知，自 2000 年进入人口老龄化社会以来，我国财政收支缺口基本上呈不断扩大趋势。2000 年，我国的财政收支缺口仅为 2491 亿元；到了 2020 年，我国的财政收支缺口扩大为 62693 亿元，相比于 2000 年扩大了 24 倍。在 2000 ~ 2020 年，我国的财政支出不断增加，较同期财政收入增长速度更快，并且在未来，财政收支缺口有进一步扩大的趋势。在这个过程中，人口老龄化是推动财政收支缺口扩大的一个重要因素，人口老龄化会加剧财政收支不平衡，导致财政赤字扩大和财政风险增加。当政府通过发行债务来弥补财政赤字时，又会提高政府的债务依存度，增加政府的债务风险。综上所述，人口老龄化会加剧财政收支失衡，加大财政风险，从而对政府财政可持续性产生不利影响。

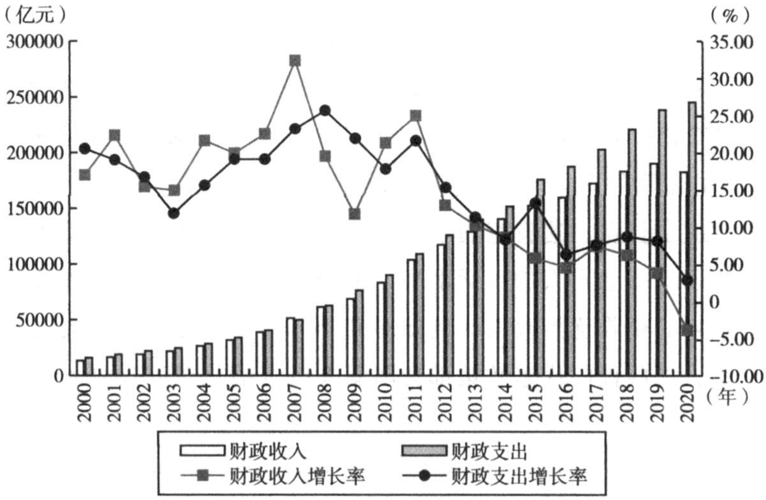

图 3-14　2000~2020 年我国财政收支的变化趋势

数据来源：2000~2021 年《中国统计年鉴》。

第四章　财政可持续性的检验与测算

上一章从财政平衡、政府债务、财政与经济的关系三个角度对财政可持续性的现状进行了分析，进而对我国政府的财政可持续性状况进行了直观判断。为了便于后续的实证分析，需要对政府的财政可持续性程度进行量化。本研究借鉴 Ostry 等（2010）、Ghosh 等（2013）的做法，基于非线性财政反应函数来对我国政府的财政可持续性程度进行测算。与其他方法相比，通过非线性财政反应函数来测算政府的财政可持续性具有三个明显的优势：一是该方法能综合反映政府债务和财政收支等变量的动态变化过程；二是能验证政府在财政调整过程中是否存在“财政疲劳”现象；三是可以根据政府的债务上限对政府财政可持续性程度进行量化。因此，本章拟基于非线性财政反应函数，在结合政府债务动态方程的基础上，通过测算政府的债务上限，从而达到量化政府财政可持续性的目的。本章的思路安排如下：首先，确定基于财政反应函数检验和测算政府财政可持续性的分析框架，理清政府债务上限的决定机制和财政可持续性的测算方法。其次，基于我国省级面板数据来估计我国地方政府的财政反应函数，并根据线性模型的回归结果来判断我国地方政府的财政可持续性，根据非线性模型的估计结果来判断我国地方政府是否存在“财政疲劳”现象。最后，根据非线性财政反应函数模型的回归结果测算我国各地方政府的债务上限，并据此测算和分析我国各地方政府的财政可持续性程度。

第一节　分析框架

Ostry 等（2010）、Ghosh 等（2013）提出的以政府债务上限为核心的财政可持续性评价方法，其大致可以分为三步：第一步，估计财政反应函数，检验政府的财政可持续性；第二步，基于财政反应函数的估计结果，结合政府债务的动态方程得出政府的债务上限，即政府债务违约的临界点；第三步，将政府债务上限与实际债务负担率之间的差额作为财政可持续性的评价指标。由此可见，基于财政反应函数测算政府财政可持续性的关键在于得到政府的债务上限。

一、政府债务的动态方程

假定政府不能通过发行货币来为赤字融资，那么，政府的财政行为能否满足跨期预算约束就取决于其财政收支差额能否弥补债务的现值①。因此，政府的跨期预算约束的会计恒等式为：

$$D_t + T_t = (1 + r_t) D_{t-1} + E_t \tag{4-1}$$

其中，D_t 为第 t 期政府的债务余额，T_t 为第 t 期政府的财政收入，E_t 为第 t 期政府的财政支出，r_t 是第 t 期的利率。将其进一步整理可得：

$$D_t = (1 + r_t) D_{t-1} - S_t \tag{4-2}$$

其中，S_t 表示第 t 期的政府基本财政盈余。在式（4－2）两边同时除以 GDP 可得：

$$d_t = \frac{(1 + r_t)}{(1 + g_t)} d_{t-1} - s_t \tag{4-3}$$

其中，d_t 表示政府债务余额与 GDP 的比值，即政府债务负担率；g_t 表示经济增长率；s_t 表示政府基本财政盈余与 GDP 的比值，即政府基本财政盈余率。由于$\frac{(1 + r_t)}{(1 + g_t)} \approx 1 + r_t - g_t$，式（4－3）可以转化为：

$$d_t = (1 + r_t - g_t) d_{t-1} - s_t \tag{4-4}$$

式（4－4）两边同时减去 d_{t-1}，即可得到政府债务的动态方程：

$$d_t - d_{t-1} = (r_t - g_t) d_{t-1} - s_t \tag{4-5}$$

① 龚锋，余锦亮．人口老龄化、税收负担与财政可持续性［J］．经济研究，2015（8）：16－30.

由式（4－5）可知，政府债务的动态变化主要取决于债务利息率 r_t、经济增长率 g_t 和政府基本财政盈余率 s_t 这三个因素。当 $(r_t-g_t)d_{t-1}<s_t$ 时，有 $d_t-d_{t-1}<0$，即 $d_t<d_{t-1}$，这意味着政府下一期的债务负担率将下降；当 $(r_t-g_t)d_{t-1}>s_t$ 时，有 $d_t-d_{t-1}>0$，即 $d_t>d_{t-1}$，这意味着政府下一期的债务负担率将上升。

二、财政反应函数

财政反应函数主要用于检验政府基本财政盈余率和政府债务负担率之间的互动关系，是评价政府财政可持续性的重要工具。Bohn（1995）首次提出利用线性财政反应函数来评价政府财政可持续性，设定的基本模型如下：

$$s_t=\alpha+\beta d_{t-1}+\delta Z_t+\varepsilon_t \tag{4-6}$$

其中，β 是政府的基本财政盈余率 s_t 对上一期政府债务负担率 d_{t-1}的回归系数，通常被称为财政反应系数。Bohn（1995）将财政反应系数是否大于0作为判定政府财政可持续性的重要标准，认为当财政反应系数大于0时，说明当政府的债务负担率上升时，政府会通过提高基本财政盈余率来做出积极反应，从而使得政府的偿债能力得到保证，因此财政是可持续的；与之相反，当财政反应系数小于0时，说明当政府的债务负担率上升时，政府无法通过调整基本财政盈余率来做出积极的反应，从而使得政府的偿债能力无法得到保证，财政是不可持续的。然而，将财政反应函数模型设定为线性模型存在一定的不合理性，因为政府的财政调整能力会受到经济社会承受力等客观条件的限制，很有可能存在非线性特征。因此，Ostry等（2010）提出用非线性的财政反应函数来构建基本财政盈余率对政府债务负担率的回归模型，并在此基础上提出了“财政空间”（fiscal space）的概念。Ostry等（2010）认为政府的债务负担率存在一个合理区间，如果政府债务负担率超过了该合理区间的上限，那么政府的债务将会无限发散，从而导致财政是不可持续的。为了保证政府债务负担率在合理区间内，当政府面临不断上升的政府债务，可以通过增加基本财政盈余来应对这一变化，但这个过程中，政府进行财政调整的能力有限，因此，财政调整过程呈现出非线性特征。Ostry 等（2010）通过引入政府债务负担率的三次项来拟合政府财政调整过程中的非线性特征，并把政府债务负担率合理区间的上限与政府实际债务负担率的差额看作是政府的“财政空间”。Ghosh 等（2013）采用了与 Ostry 等（2010）类似的方法，并将财政反应函数的非线性特征归因于“财政疲劳”现象的存在。他们构建的非线性财政反应函数的基本形式为：

$$s_t = \alpha + \beta_1 d_{t-1} + \beta_2 d_{t-1}^2 + \beta_3 d_{t-1}^3 + \delta Z_t + \varepsilon_t \tag{4-7}$$

式（4－7）中 d_{t-1}的三次项系数 β_3 的符号是判断政府的财政调整过程中是否存在财政疲劳现象的依据：如果式（4－7）中 d_{t-1}三次项系数 β_3 为正数，则说明政府拥有无限大的财政调整能力，并不存在“财政疲劳”现象，也就是说无论政府的债务负担率有多高，政府均可以通过调整基本财政盈余来应对不断扩大的政府债务规模，从而化解债务风险，但这明显与现实情况相违背；如果式（4－7）中 d_{t-1}三次项系数 β_3 为负数，则表明当政府债务负担率过高时，政府通过调整基本财政盈余来应对不断上升的政府债务的能力会逐渐减弱，因此，政府在财政调整过程中存在财政疲劳现象。这主要是因为政府的财政调整能力会受到经济社会承受力等客观条件的限制。因此，利用非线性财政反应函数测算政府债务上限的前提条件是式（4－7）中政府债务负担率 d_{t-1}的三次项系数 β_3 为负数①。

三、政府债务上限的确定

由式（4－5）可知，政府债务的动态变化取决于两个部分：一

① 唐文进，苏帆，彭元文．财政疲劳，储备渠道与中国政府债务上限的测算［J］．财经研究，2014（10）：18－31．

是实际利息支付 $(r_t-g_t)d_{t-1}$；二是财政反应函数 $s_t(d_{t-1})$。图4-1可以更清晰地解释政府债务上限的确定过程。图4-1中实线代表政府的财政反应函数 $s_t(d_{t-1})$，其表明政府的财政调整过程具有明显的非线性特征：当政府的债务水平较低时，提高政府债务负担率对社会经济的影响较小，因此，政府面对不断上升的政府债务几乎没有什么反应或反应较小；当政府债务水平达到一定程度后，继续提高政府债务负担率可能会对财政可持续性造成威胁，这时政府会做出更加积极的反应，通过提高基本财政盈余率来应对不断上升的政府债务；但最终政府进行财政调整的努力会逐渐消失，这是因为在该阶段政府继续增加税收或进一步削减财政支出会变得越来越困难，所以说政府的财政调整过程存在财政疲劳现象。虚线代表实际利息支付 $(r_t-g_t)d_{t-1}$，是一条从原点出发的直线。由图4-1可知，财政反应函数 $s_t(d_{t-1})$ 和实际利息支付 $(r_t-g_t)d_{t-1}$ 之间存在两个交点。其中，较低的交叉点 d^* 是经济通常收敛的长期债务水平，但这种均衡是条件稳定的：如果一次冲击将政府债务负担率提高到 d^* 以上（但不超过上限），随后时期的基本财政盈余将抵消更高的利息支付，使政府的债务水平重新回到其长期平均水平 d^*。较高的交叉点 $\tilde{d}$ 是模型隐含的债务上限，如果政府债务负担率超过这个点，它将永远上升，因为在没有非常规调整的情况下，政府的基本财政盈余永远不足以抵消其

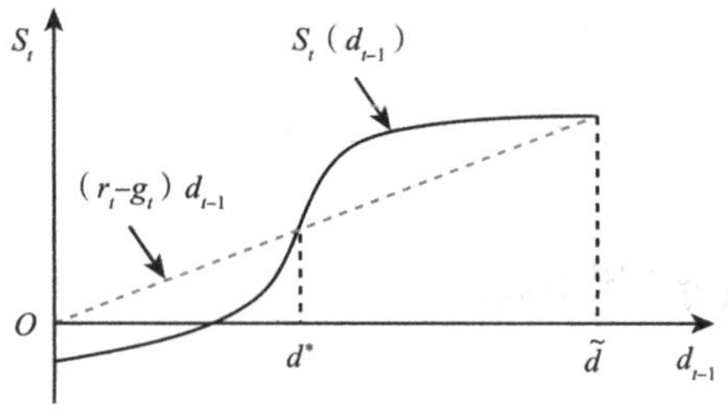

图4-1　政府债务上限的确定

资料来源：Ostry J D, Ghosh A R, Kim J I, et al. Fiscal Space [J]. IMF Staff Position Notes, 2010 (11).

不断增长的偿债压力。因此，政府财政是不可持续的。实际上，随着政府失去市场准入，无法展期债务，利率将变得无限大。通过上述分析可知，$\tilde{d}$ 就是我们要估计的政府债务上限。

四、财政可持续性的测算

通过上述分析可知，理性政府可以通过调整基本财政盈余来使政府的债务负担率保持在一个相对合理的区间，但在此过程中政府进行财政调整的能力是有限的，一旦政府的债务负担率超过临界点 $\tilde{d}$，那么政府的债务将会无限扩大，财政会变得不可持续。Ostry 等（2010）将临界点 $\tilde{d}$ 看作是一个国家或地区财政调整历史记录所暗示的政府债务上限。因此，我们可以在确定政府债务上限 $\tilde{d}$ 的基础，将其与实际债务负担率之间的差额作为政府财政可持续性程度的衡量指标，从而达到量化政府财政可持续性的目的。

第二节 财政可持续性的检验

一、模型设定

基于上述分析，本研究首先借鉴 Bohn（1995）的建模思路，通过构建线性财政反应函数模型来检验我国地方政府的财政可持续性。由于考虑到基本财政盈余是一个长期动态变化的过程，且可能存在路径依赖，本研究在模型中引入了被解释变量基本财政盈余率的一阶滞后项，利用动态面板数据模型来估计地方政府的财政反应函数，具体模型设定如下：

$$s_{it} = \alpha + \theta s_{i,t-1} + \beta d_{i,t-1} + \delta Z_{it} + \mu_i + \varepsilon_{it} \tag{4-8}$$

式（4－8）中，下标 i 表示省份，t 表示年份；s 为被解释变量，表示基本财政盈余率；d 为核心解释变量，表示政府债务负担率；Z 为一组控制变量，包含产出缺口（*YVAR*）、财政支出缺口（*GVAR*）、经济增长率（*gdp*）、财政分权（*fd*）、固定资产投资（*inv*）和对外开放度（*eo*）。

进一步地，为了考察我国地方政府在财政调整过程中是否存在财政疲劳现象，本研究借鉴 Ostry 等（2010）、Ghosh 等（2013）的做法，通过在财政反应函数中引入政府债务负担率的三次项来拟合政府财政调整过程中的非线性特征，具体模型设定如下：

$$s_{it} = \alpha + \theta s_{i,t-1} + \beta_1 d_{i,t-1} + \beta_2 d_{i,t-1}^2 + \beta_3 d_{i,t-1}^3 + \delta Z_{it} + \mu_i + \varepsilon_{it} \quad (4-9)$$

式（4-9）中变量和符号所代表的内容与式（4-8）相同。

二、变量选取与数据来源

（一）变量选取

1. 被解释变量

基本财政盈余率（s），即基本财政盈余与 GDP 的比值，等于财政收入与不含息的财政支出的差额与 GDP 的比值。由此可见，基本财政盈余率的计算结果会受到财政收支口径和政府债务利息支出口径的影响。然而，在现有文献中，学者们在计算基本财政盈余率时采用了不同的财政收支口径和政府债务利息支出口径。首先，关于财政收支口径的选择，张金清和聂雨晴（2020）、刘方（2020）等在计算基本财政盈余率时仅考虑了政府的一般预算收支，虽然便于数据的获取，但未能全面反映政府的综合财力；陈宝东和邓晓兰（2018）则是综合考虑了一般预算收支和政府性基金收支，扩大了基本财政盈余率的计算口径。因此，本研究将借鉴陈宝东和邓晓兰（2018）的做法，在计算基本财政盈余率时，将一般预算收支和政府性基金收支都考虑在内，来综合反映地方政府的财政调整能力①。其

① 由于国有资本经营收入占比小，而社会保险基金收入只能专款专用，且这两类收入数据在省级层面严重缺失，因此并未计算在内。

次，关于政府债务利息支出口径的选择，唐文进等（2014）和刘雅君（2020）通过构建全国政府债务的加权利率来计算政府债务利息支出，权重以中央和地方债务的各自占比来确定，国债利率和地方债务利率分别用一年期存款基准利率和一年期贷款基准利率来衡量；陈宝东和邓晓兰（2018）提出政府债务的利息支出主要由国债利息支出和地方债务利息支出两部分构成，其中国债利息支出可以通过政府的财政决算报告获取，而地方债务利息支出可根据地方债务余额与地方债务利率的乘积而得，且地方债务利率可以用各地方政府的城投债发行利率的平均值来衡量；张金清和聂雨晴（2020）则是用地方政府债券利息和地方政府融资平台债券利息之和来作为各地方政府债务利息支出的衡量指标。本书根据研究的需要和数据的可获得性，借鉴陈宝东和邓晓兰（2018）的做法来计算政府债务的利息支出，即政府债务的利息支出等于国债利息支出与地方债务利息支出之和，其中，国债利息支出通过政府的财政决算报告获取，地方债务利息支出由各地方政府的债务余额乘以城投债发行利率的平均值而得。

2. 解释变量

政府债务负担率（*d*），即政府债务余额与GDP的比值，用一般债务余额与专项债务余额之和与GDP的比值来衡量。同时，考虑到城投债的影响，本研究在稳健性检验中将地方政府债务口径扩大为政府债务余额与城投债余额之和。

3. 控制变量

基本财政盈余率除了受到债务负担率的影响外，还受到其他多种因素的影响。在借鉴已有文献研究的基础上，本研究选取产出缺口（*YVAR*）和财政支出缺口（*GVAR*）、经济增长率（*gdp*）、财政分权（*fd*）、固定资产投资（*inv*）和对外开放度（*eo*）作为控制变量。变量具体说明如表4－1所示。

表 4-1 变量说明

变量名称	变量定义
基本财政盈余率（*s*）	基本财政盈余/GDP
政府债务负担率（*d*）	政府债务余额/GDP
产出缺口（*YVAR*）	(实际产出 - 潜在产出)/潜在产出
财政支出缺口（*GVAR*）	(实际财政支出 - 潜在财政支出)/潜在财政支出
经济增长率（*gdp*）	以 2012 年价格为基期的实际 GDP 增长率
财政分权（*fd*）	各省份人均公共预算收入与各省份人均公共预算收入和中央人均公共预算收入之和的比值
固定资产投资（*inv*）	各省份全社会固定资产投资增长率
对外开放度（*eo*）	各省份当年以美元兑人民币中间价折算的进出口总额占当年地区生产总值的比重

（1）产出缺口（*YVAR*）。产出缺口主要用于衡量周期波动对产出影响的程度，反映了对现有经济资源的利用程度。在现有的相关文献中，经常将产出缺口作为影响政府基本财政盈余的重要因素。本研究将借鉴以往的研究，将产出缺口纳入财政反应函数中作控制变量，并且根据表 4-1 中的公式进行计算，其潜在值通过 HP 滤波估算得到。

（2）财政支出缺口（*GVAR*）。在现有的文献中，也经常将财政支出缺口作为财政反应函数中的控制变量，其计算公式与产出缺口类似，计算结果反映了实际财政支出对于稳态值的偏离，也是影响政府基本财政盈余的重要因素。因此，本研究将引入政府支出缺口作为控制变量，具体计算公式见表 4-1，同样，其潜在值也通过 HP 滤波估算得到。

（3）经济增长率（*gdp*）。作为政府财力的主要来源，一个地区的经济发展水平会直接影响本地区政府的基本财政盈余状况。现有众多研究已经证实，经济增长对政府的基本财政盈余具有明显的正向影响，如唐文进等（2014）、陈宝东和邓晓兰（2018）。因此，本研究将引入经济增长率作为控制变量，并用以 2012 年价格为基期的实际 GDP 增长率来衡量。

（4）财政分权（*fd*）。毫无疑问，财政体制是影响地方政府基本财政盈余状况的重要因素。李建军和王鑫（2018）提出税收分权对于增强地方财政的财政收入能力具有明显的促进作用，并且这种促进作用在不同税种之间存在明显的差异。因此，本研究将引入财政分权作为控制变量，并参考以往的研究，采用各省份人均公共预算收入与各省份人均公共预算收入和中央人均公共预算收入之和的比值作为财政分权的代理变量。

（5）固定资产投资（*inv*）。在现有研究中，固定资产投资也经常被看作是影响政府基本财政盈余状况的一个重要因素。刘孝斌和钟坚（2018）认为固定资产投资会对政府基本财政盈余产生正向影响，但也有部分学者通过实证检验发现固定资产投资会给政府基本财政盈余带来负向影响，如孙正（2019，2020）、杜彤伟等（2019）等。因此，本研究将引入固定资产投资作为控制变量，并参考以往的研究，采用全社会固定资产投资增长率作为其代理变量。

（6）对外开放度（*eo*）。通常情况下，一个国家或地区的对外开放程度会对其财政收入产生影响，进而会影响该国家或地区的基本财政盈余。所以说，对外开放度也是影响政府基本财政盈余状况的一个重要因素。因此，本研究将引入对外开放度作为控制变量，用各省份当年以美元兑人民币中间价折算的进出口总额占当年地区生产总值的比重作为对外开放度的代理变量。

（二）数据来源与说明

本节原始数据主要来源于历年《中国财政年鉴》《中国统计年鉴》、审计署及各省审计部门的地方债务审计数据、各省份的统计年鉴和财政预决算报告以及 Wind 数据库等，所使用的数据是由作者自己整理并计算所得。并且，通过对比发现，目前采用 2012 年以后的地方政府债务数据，可最大限度地保证统计口径的一致性和数据的完整性，使数据的损失率降到最低。因此，基于数据可得性和完整性考虑，本研究选取我国 2012～2019 年 29 个省份（海南和西藏除外）的面板数据进行实证检验，数据核算中的实际值均以 2012 年为基期进行价格平减。所有数据均为年份数据。各变量的描述性统计见表4－2。

表4－2　　各变量的描述性统计

变量名称	样本量	均值	标准差	最小值	最大值
基本财政盈余率（s）	232	-0.0021	0.0171	-0.1011	0.0673
债务负担率（d）	232	0.2562	0.1353	0.0924	0.9565
产出缺口（YVAR）	232	0.0001	0.0180	-0.0926	0.0472
财政支出缺口（GVAR）	232	-0.0001	0.0285	-0.1026	0.1238
经济增长率（gdp）	232	0.0797	0.0205	0.0050	0.1360
财政分权（fd）	232	0.5143	0.1229	0.3273	0.8349
对外开放度（eo）	232	0.2646	0.2929	0.0128	1.441
固定资产投资（inv）	232	0.1081	0.1252	-0.6265	0.3498

通过表4－2的描述性统计分析可以看出，样本内29个省份基本财政盈余率的最大值为0.0673，最小值为－0.1011，均值为－0.0021，标准差为0.0171，这说明不同省市之间的基本财政盈余率虽存在差异，但差异不大。而债务负担率的最大值为0.9565，最小值为0.0924，最大值和最小值相差0.8641，均值为0.2562，标准差为0.1353，这说明不同地区之间地方政府的债务负担率存在较大差异。对于控制变量，产出缺口、财政支出缺口和经济增长率等变量的标准差较小，离散程度较小，这就意味着这些变量在样本内不同省份之间的差异较小；而财政分权、对外开放度和固定资产投资等变量的标准差相对较大，离散程度较大，这就意味着这些变量在样本内不同省份之间的差异也较大。

三、实证结果与分析

（一）基准回归分析

为解决内生性问题，确保估计结果的可靠性，本研究采用GMM方法来对不同形式下的财政反应函数进行估计，回归结果如表4－3

所示。其中，第一列报告了我国地方政府线性财政反应函数的估计结果。首先，从模型（1）的检验结果来看，AR（2）和 Sargan 检验的结果表明本书选取的工具变量是有效的，模型设定是合理的。其次，从模型（1）的回归结果来看，我国地方政府的财政反应系数为负值，这意味着目前我国地方政府既有的财政行为是不可持续的。因为根据 Bohn（1995，1998）提出的理论可知，政府的财政反应系数小于 0 意味着当政府的债务负担率上升时，政府无法通过财政调整来对此做出积极的反应，政府的跨期预算约束条件也就无法满足，从而导致政府财政是不可持续的。造成这一现象的主要原因在于长期以来我国地方政府普遍存在财政收支缺口，且各地方政府通常会在预算外通过投融资平台来为此进行融资，虽然政府承担着财政兜底的责任，但由于政府债务没有纳入预算管理，地方政府的举债行为则不受自身财政状况的约束，也就不存在对政府债务规模扩大的正向反馈机制①。此外，基本财政盈余率滞后项的系数显著为正，表明我国地方政府的基本财政盈余具有明显的持续性，基本财政盈余率会受前一期基本财政盈余率的正向影响。

对于控制变量，产出缺口的回归系数显著为正，这与实际情况相符，表明我国地方政府的基本财政盈余存在顺周期性，这与杜彤伟等（2019）的研究结论一致。政府支出缺口的回归系数显著为负，这与现实情况也相符，表明我国地方政府财政支出的暂时性增长会对其基本财政盈余带来明显的不利影响，这与刘雅君（2020）等的研究结论一致。经济增长率的回归系数显著为正，表明经济增长有利于政府的财政状况的改善，这与唐文进等（2014）、陈宝东和邓晓兰（2018）的研究结论一致。财政分权的回归系数显著为正，表明财政分权有利于地方政府的财政状况的改善，这与李建军和王鑫（2018）的研究结论一致。对外开放度的回归系数显著为负，表明加

---

① 杜彤伟，张屹山，杨成荣．财政纵向失衡，转移支付与地方财政可持续性［J］．财贸经济，2019，40（11）：5－19.

强对外开放不利于地方政府财政状况的改善，这与孙正（2020）的研究结论一致。固定资产投资的回归系数显著为正，表明扩大固定资产投资有利于地方政府的财政状况的改善，这与刘孝斌和钟坚（2018）的研究结论一致。上述回归结果既符合现实情况，也符合理论预期，表明本书的研究结论具有一定的可靠性。

表 4-3　　　　财政反应函数的估计结果

变量	线性		非线性	
	模型（1）	模型（2）	模型（3）	模型（4）
$s(-1)$	0.519*** (0.030)	0.546*** (0.027)	0.526*** (0.024)	0.521*** (0.014)
$d(-1)$	-0.013*** (0.005)	-0.150*** (0.050)	-0.006 (0.004)	
$d^2(-1)$		0.269** (0.100)		-0.018 (0.011)
$d^3(-1)$		-0.144** (0.059)	0.007** (0.003)	0.021** (0.010)
YVAR	0.179*** (0.014)	0.183*** (0.014)	0.194*** (0.012)	0.196*** (0.014)
GVAR	-0.232*** (0.008)	-0.218*** (0.010)	-0.235*** (0.013)	-0.233*** (0.010)
gdp	0.075*** (0.019)	0.047*** (0.015)	0.077*** (0.021)	0.065*** (0.011)
fd	0.030*** (0.008)	0.033*** (0.007)	0.030*** (0.005)	0.031*** (0.005)
eo	-0.012*** (0.003)	-0.017*** (0.004)	-0.011*** (0.002)	-0.011*** (0.002)
inv	0.009*** (0.002)	0.006*** (0.002)	0.009*** (0.002)	0.008** (0.003)
AR（1）	[0.013]	[0.020]	[0.016]	[0.013]
AR（2）	[0.500]	[0.452]	[0.531]	[0.485]
Sargan 检验	[0.804]	[0.956]	[0.744]	[0.730]

注：***、**和*分别表示在1%、5%和10%水平下显著，圆括号内为回归系数的标准误，中括号内为P值，下文同。

对于我国地方政府非线性财政反应函数的估计，本研究借鉴Ostry等（2010）、Ghosh等（2013）的做法，通过在财政反应函数中引入政府负债率的三次项来拟合政府财政调整过程中的非线性特征。由于三次函数的形式并不唯一，本研究设定了三种不同形式的财政反应函数：模型（2）包含滞后一期政府债务负担率的一次项 $d_{i,t-1}$、二次项 $d_{i,t-1}^2$ 和三次项 $d_{i,t-1}^3$；模型（3）包含滞后一期政府债务负担率的一次项 $d_{i,t-1}$ 和三次项 $d_{i,t-1}^3$；模型（4）包含滞后一期政府债务负担率的二次项 $d_{i,t-1}^2$ 和三次项 $d_{i,t-1}^3$。无论采用哪种函数形式，为解决内生性问题，确保估计结果的可靠性，本研究同样采用系统GMM方法来对三种不同形式下的非线性财政反应函数进行估计，回归结果如表4－3中第2列至第4列所示。首先，从模型（2）至模型（4）的检验结果来看，三个模型的AR（2）和Sargan检验的结果都表明本书选取的工具变量是有效的，模型设定是合理的。其次，从模型（2）至模型（4）的回归结果来看，滞后一期的政府债务负担率的二次项系数和三次项系数均显著，表明我国地方政府的财政反应函数具有明显的非线性特征，模型设定合理。模型（3）和模型（4）的回归系数虽然显著，但这两个模型中滞后一期政府债务负担率的三次项系数都大于0，这表明我国地方政府具有无限大的财政调整能力，既与理论预期不符，也与现实情况相违背。因为受社会经济条件的限制，政府的财政调整能力是有限的，因此模型（3）和模型（4）的回归结果不予考虑。模型（2）的回归结果中滞后一期政府债务负担率的二次项系数显著为正，表明地方政府会随着政府债务负担率的上升而主动增加基本财政盈余来应对债务规模的变化；但滞后一期政府债务负担率的三次项系数显著为负，这就说明我国地方政府通过调整基本财政盈余来应对政府债务余额变化的能力有限，存在明显的财政疲劳现象，这与杜彤伟等（2019）的研究结论一致。由此可见，我国地方政府进行财政调整的能力有限，即面对不断上升的政府债务，地方政府无法一直通过增加基本财政盈余来予以解决。特别是，当政府债务负担率过高时，政府无法通过继续增加基本财政盈余来化解债务风险，因此，政府的财政可持续性将受到威胁。此外，模型（2）中控制变量的回归结果与模型（1）的回归结果基本保持一致，既符合现实情况，也符合理论预期，在这里不再赘述。

（二）稳健性检验

通过稳健性检验可以对实证结论的可靠性进行检验，判断依据是看实证结论是否会随着变量、样本等的改变而发生改变。如果某个条件的改变并不会导致实证结论的改变，则说明实证结果是稳健的；反之，如果条件改变后结论发生改变，则说明实证结果不稳健，这时就需要进一步探讨发生改变的原因。在此，本研究也做了相应的稳健性检验，主要采用了缩尾处理、剔除直辖市样本和替换变量三种方法，检验结果如表 4 -4 所示。

本研究采用的第一种稳健性检验方法是缩尾处理。考虑到少数极端值可能会对回归结果产生影响，进而造成估计偏误，本研究对包括被解释变量基本财政盈余率，核心解释变量政府债务负担率，控制变量产出缺口、财政支出缺口、经济增长率、对外开放度、财政分权、固定资产投资在内的所有变量进行 1% 分位上的双侧缩尾处理后重新进行估计，并据此进行稳健性检验，具体估计结果如表 4 -4 第 1 列所示。根据缩尾处理后的回归结果可知，基本财政盈余率滞后项的回归系数仍显著为正，表明基本财政盈余率会受前一期基本财政盈余率的显著正向影响；滞后一期的政府债务负担率的各次项系数符号也未发生改变，并且三次项的回归系数仍显著为负，这与上述基准回归结果保持一致。此外，从控制变量的回归结果可知，产出缺口、财政支出缺口、经济增长率、财政分权、固定资产投资和对外开放度的回归结果也与前面的基准回归分析结果保持一致，表明基准回归结果是稳健的。第二种稳健性检验方法是剔除直辖市样本。考虑到直辖市的特殊性，本研究从全部样本中剔除天津、上海、北京和重庆四个直辖市数据后重新进行估计，结果如表 4 -4 第 2 列所示。根据回归结果可知，基本财政盈余率滞后项的系数仍显著为正数；滞后一期的政府债务负担率的各次项系数符号仍未发生改变，并且三次项的回归系数仍显著为负数，这与基准回归结果保持一致。同时，产出缺口、财政支出缺口、经济增长率、财政分权、固定资产投资和对外开放度等控制变量的回归结果也与基准回归分析结果保持一致，同样表明基准回归结果是稳健的。第三种方法是采用替换变量的方法进行稳健性检验，即用广义政府债务负担率替代原来的政府债务负担率。由于在现实中，我国各地方政府普遍存在依托融资平台绕开监管而发债的行为[①]，且大多为城投债，这给地方政府的财政可持续发展带来了巨大的财政压力和风险隐患[②]。基于这一考虑，本研究借鉴陈丽等（2022）的做法，用广义政府债务负担率（地方政府债务余额与城投债余额之和占 GDP 的比重）来替代原来的政府债务负担率重新进行估计，结果如表 4－4 第 3 列所示。根据回归结果可知，在扩大了地方政府债务的计算口径之后，基本财政盈余率滞后项的回归系数、滞后一期的政府债务负担率的各次项回归系数以及各控制变量的回归系数均与基准回归分析结果保持一致，表明地方政府债务计算口径的改变并没有改变结论，说明基准回归结果是稳健的。

表 4－4　　　　　　稳健性检验结果

变量	(1)	(2)	(3)
	缩尾处理	剔除直辖市	替换变量
$s(-1)$	0.360*** (0.034)	0.395*** (0.032)	0.308*** (0.015)
$d(-1)$	－0.377** (0.140)	－0.195** (0.078)	－0.108*** (0.024)

① 马万里．中国地方政府隐性债务扩张的行为逻辑——兼论规范地方政府举债行为的路径转换与对策建议［J］．财政研究，2019（8）：60－71＋128.

② 黄春元，毛捷．财政状况与地方债务规模——基于转移支付视角的新发现［J］．财贸经济，2015（06）：18－31.

续表

变量	(1)	(2)	(3)
	缩尾处理	剔除直辖市	替换变量
$d^2(-1)$	0.528*** (0.031)	0.167* (0.090)	0.080* (0.044)
$d^3(-1)$	-0.159*** (0.033)	-0.021*** (0.004)	-0.104*** (0.024)
YVAR	0.080*** (0.022)	0.132*** (0.023)	0.146*** (0.011)
GVAR	-0.195*** (0.015)	-0.232*** (0.017)	-0.216*** (0.011)
gdp	0.035 (0.052)	0.020 (0.043)	0.074** (0.030)
fd	0.185*** (0.013)	0.111** (0.044)	0.173*** (0.015)
eo	-0.048*** (0.010)	-0.037** (0.017)	-0.020** (0.009)
inv	0.000 (0.004)	0.002 (0.004)	0.006 (0.004)
AR (1)	[0.027]	[0.024]	[0.013]
AR (2)	[0.238]	[0.173]	[0.179]
Sargan 检验	[0.721]	[0.888]	[0.754]

第三节　财政可持续性的测算

一、财政可持续性的测算结果

（一）政府债务上限的测算

基于非线性财政反应函数测算政府财政可持续性的关键在于得到政府的债务上限，下面将详细阐述我国地方政府债务上限的确定过程。本节主要基于表 4－3 中非线性财政反应函数模型（2）的回归结果来测算样本内各省市自治区的政府债务上限和财政可持续性程度。模型（2）的回归结果所反映的地方政府的非线性财政反应函数为：

$$s_{it}=0.546s_{i,t-1}-0.15d_{i,t-1}+0.269d_{i,t-1}^{2}-0.144d_{i,t-1}^{3}+0.183YVAR_{it}-0.218GVAR_{it}+0.047gdp_{it}+0.033fd_{it}-0.017eo_{it}+0.006inv_{it}+0.0004 \quad (4-10)$$

由前文分析可知，政府债务负担率的上限满足条件：

$$S_{it}=(r_{it}-g_{it})d_{i,t-1} \quad (4-11)$$

结合式（4－10）和式（4－11），经过整理可得[①]：

$$[-0.15-0.454(r_{it}-g_{it})]d_{i,t-1}+0.269d_{i,t-1}^{2}-0.144d_{i,t-1}^{3}+0.183YVAR_{it}-0.218GVAR_{it}+0.047gdp_{it}+0.033fd_{it}-0.017eo_{it}+0.006inv_{it}+0.0004=0 \quad (4-12)$$

式（4－12）是一个关于政府债务负担率 $d_{i,t-1}$ 的三次方程，方程解中较大的根就是政府债务负担率的上限。由式（4－12）可知，利率、经济增长率、产出缺口、财政支出缺口、财政分权、对外开放度和固定资产投资等变量的赋值会影响政府债务上限的确定。在此，我们采用样本内各省 2012～2019 年各变量的平均值来对这些变量进行赋值，进而可得到样本内各省份的政府债务上限。表 4－5 列示了我国 29 个省市自治区（海南和西藏除外）的政府债务上限。根据表 4－5 中政府债务上限的测算结果可知，样本内 29 个省份政府债务负担率理论上限值的区间为（0.426，0.887），相比于陈宝东和邓晓兰（2018）得到的数值区间（0.531，0.682），取值范围更大，离散程度也更大。这主要是因为样本容量的扩大：陈宝东和邓晓兰（2018）的数据分析是基于 2012～2016 年我国 23 个省份的面板数据进行的；本研究则是进一步扩大和更新了进行实证研究的样本数据，

---

① 在此过程中可以认为 $r_{it}-g_{it}=r_{i,t-1}-g_{i,t-1}$。

选取2012~2019年我国29个省份的面板数据进行实证检验。此外，本研究得到的样本内29个省份政府债务负担率理论上限值的取值区间基本上低于王学凯（2016）测算的我国历年债务负担率上限值的取值区间（0.8481，0.9304），这主要是因为一个国家的财政调整能力必然会高于其地方政府的财政调整能力，特别是在我国，这种情况更加明显。因此，根据非线性财政反应函数计算的我国全国层面的政府债务负担率的上限值必然会高于地方层面的上限值，这同时也印证了本研究测算结果的合理性。

（二）财政可持续性的测算

基于上述政府债务上限的测算结果，本研究进一步测算了2012~2019年样本内各省份的财政可持续性程度，具体测算结果见表4-5。从整体来看，2012~2019年我国大部分省份的实际债务负担率与其债务上限之间存在较大的差距，政府的债务水平仍有上升的空间，政府财政基本处于可持续状态，例如，北京、上海、广东、河北、黑龙江、山西、河南、浙江、江苏、广西、甘肃和吉林等。因此，对于这些省份来说，政府仍然可以通过调整基本财政盈余来应对不断上升的政府债务，从而降低财政风险，促进财政长期可持续发展。但与此同时，也有部分省份的财政可持续性状况不容乐观，政府的实际债务负担率与其债务上限之间的差距较小，政府债务水平的提升空间较小，例如云南、宁夏和内蒙古等。其中，青海和贵州的财政可持续性状况最差，财政可持续性指标甚至出现了负值。贵州从2013年开始，政府债务负担率的实际值超过了其上限值，财政可持续性指标开始转为负数；青海则是从2014年开始，政府债务负担率的实际值超过了其上限值，财政可持续性指标开始转变为负值。

从2012~2019年的变化情况来看，样本内大部分省份的财政可持续性程度都出现了不同程度地下降。其中，下降幅度较大的省份为青海和贵州，青海的财政可持续性指标由2012年的0.059下降到2019年的-0.199，下降了436%，贵州的财政可持续性指标由2012

年的0.065下降到2019年的-0.15，下降了331%；下降幅度较小的省份为河南和江苏，河南的财政可持续性指标由2012年的0.542下降到2019年的0.498，仅下降了8%，江苏的财政可持续性指标由2012年的0.487下降到2019年的0.457，仅下降了6%。与之相反，北京、上海、重庆、广东、四川和湖北这六个省份的财政可持续性程度则是出现了不同程度地上升。其中，上升幅度较大的省份为北京和重庆，北京的财政可持续性指标由2012年的0.449上升为2019年的0.623，上升了39%，重庆的财政可持续性指标由2012年的0.157上升为2019年的0.203，上升了30%；上升幅度较小的省份为广东和四川，广东的财政可持续性指标由2012年的0.772上升为2019年的0.777，仅上升了1%；四川的财政可持续性指标由2012年的0.335上升为2019年的0.338，也仅上升了1%。但从平均水平来看，样本内各省份财政可持续性指标的平均值由2012年为0.429下降为2019年的0.351，下降了18%，整体呈下降趋势。总的来说，目前我国大部分省份的财政可持续状况良好，但由于整体呈下降趋势，政府应提高警惕，加强债务管理，注重防范财政风险，避免财政可持续性状况的不断恶化。

表4-5　2012~2019年各省份的政府债务上限和财政可持续性

省份	债务上限	财政可持续性							
		2012年	2013年	2014年	2015年	2016年	2017年	2018年	2019年
安徽	0.520	0.380	0.370	0.310	0.305	0.317	0.323	0.322	0.304
北京	0.763	0.449	0.455	0.485	0.532	0.625	0.634	0.635	0.623
福建	0.472	0.377	0.362	0.305	0.314	0.303	0.310	0.315	0.305
甘肃	0.698	0.523	0.495	0.460	0.456	0.441	0.416	0.391	0.341
广东	0.887	0.772	0.776	0.758	0.778	0.783	0.789	0.787	0.777
广西	0.765	0.593	0.598	0.449	0.491	0.481	0.493	0.485	0.467
贵州	0.426	0.065	-0.153	-0.530	-0.404	-0.312	-0.206	-0.150	-0.150
河北	0.857	0.699	0.694	0.640	0.634	0.658	0.657	0.633	0.607

续表

省份	债务上限	财政可持续性							
		2012 年	2013 年	2014 年	2015 年	2016 年	2017 年	2018 年	2019 年
河南	0.645	0.542	0.533	0.491	0.498	0.508	0.521	0.514	0.498
黑龙江	0.878	0.711	0.706	0.648	0.627	0.616	0.597	0.558	0.527
湖北	0.437	0.248	0.234	0.280	0.282	0.284	0.283	0.278	0.260
湖南	0.564	0.416	0.417	0.322	0.349	0.346	0.335	0.325	0.309
吉林	0.859	0.562	0.585	0.588	0.584	0.581	0.566	0.529	0.488
江苏	0.608	0.487	0.480	0.444	0.460	0.467	0.468	0.466	0.457
江西	0.475	0.301	0.305	0.240	0.252	0.260	0.264	0.264	0.258
辽宁	0.870	0.581	0.575	0.441	0.445	0.452	0.480	0.504	0.512
内蒙古	0.577	0.283	0.279	0.126	0.155	0.165	0.173	0.172	0.152
宁夏	0.506	0.295	0.290	0.110	0.095	0.083	0.115	0.110	0.063
青海	0.516	0.059	0.081	-0.123	-0.099	-0.077	-0.098	-0.126	-0.199
山东	0.659	0.566	0.564	0.477	0.512	0.498	0.497	0.487	0.473
山西	0.850	0.736	0.723	0.689	0.671	0.658	0.672	0.664	0.643
陕西	0.440	0.270	0.268	0.160	0.178	0.182	0.189	0.194	0.185
上海	0.880	0.636	0.656	0.650	0.698	0.729	0.737	0.740	0.729
四川	0.566	0.335	0.320	0.307	0.320	0.330	0.342	0.349	0.338
天津	0.602	0.375	0.374	0.367	0.364	0.348	0.327	0.297	0.249
新疆	0.521	0.328	0.326	0.234	0.238	0.227	0.219	0.211	0.157
云南	0.473	0.157	0.175	0.045	0.057	0.085	0.109	0.131	0.124
浙江	0.673	0.547	0.537	0.504	0.525	0.495	0.497	0.487	0.476
重庆	0.441	0.157	0.166	0.218	0.230	0.233	0.240	0.223	0.203

数据来源：作者自行计算所得。

二、财政可持续性的地区差异

根据表 4-5 的测算结果可知，样本内各省份的财政可持续性状况存在明显的地区差异。2012 年，财政可持续性状况较好的省份大多集中在东部地区，例如广东、浙江、河北、上海、辽宁、山东等，而财政可持续状况较弱的省份则主要集中在西部地区，例如青海、贵州、重庆、云南、陕西、内蒙古、宁夏和新疆等。其中，财政可持续性状况最好的省份为广东，其财政可持续性指标的测算结果为 0.772；财政可持续性状况最差的省份为青海，其财政可持续性指标的测算结果为 0.059，两者相差 0.713。到了 2019 年，财政可持续性状况较好的省份仍主要集中在东部地区，例如广东、浙江、河北、上海、辽宁、山东等，而财政可持续状况较弱的省份仍主要集中在西部地区，例如青海、贵州、重庆、云南、陕西、内蒙古、宁夏和新疆等。并且，财政可持续性状况最好的省份仍为广东，财政可持续性状况最差的省份仍为青海，两省的财政可持续性指标的测算结果分别为 0.777 和 -0.199，两者相差 0.976，与 2012 年相比，差距在进一步扩大。同时，从东中西三个地区财政可持续性指标的平均值也可以看出各地区地方政府财政可持续性状况的差异。2012 年，东、中、西三个地区财政可持续性指标的均值分别为 0.549、0.487 和 0.279，东中部地区地方政府的财政可持续性状况明显优于西部地区。到了 2019 年，东、中、西三个地区财政可持续性指标的均值分别为 0.521、0.411 和 0.153，东中部地区地方政府的财政可持续性状况仍然明显优于西部地区。由此可见，样本内各省份的财政可持续性状况存在明显的地区差异：财政可持续性状况较好的省份主要集中在东部地区，这可能是因为东部地区的经济较为发达，地方政府的财力较为充足；而财政可持续状况较弱的省份主要集中在西部地区，这主要是因为这些地区的经济相对落后，地方政府组织财政收入的能力较弱，财力较为匮乏。

此外，还应注意到，2012 ~ 2019 年东部地区各省份财政可持续性指标的均值由 0.549 下降为 0.521，下降了 5.12%；中部地区各省份财政可持续性指标的均值由 0.487 下降为 0.411，下降了 15.6%；

西部地区各省份财政可持续性指标的均值由0.279下降为0.153，下降了45.2%。因此，2012~2019年东中西三个地区财政可持续性指标的下降幅度由东至西依次递增，西部地区的财政可持续性指标下降幅度最大。由此可见，2012~2019年不同地区政府的财政可持续性程度均出现了不同程度地下降，且财政可持续状况较弱的西部地区财政可持续性指标的下降幅度要明显大于财政可持续状况较好的东中部地区，这一变化趋势将继续扩大不同地区之间的差异。

人口老龄化对财政
可持续性的影响研究
Chapter 5

第五章 人口老龄化对财政可持续性的中介效应

第一节　人口老龄化影响财政可持续性的理论机制分析

通过第二章的理论分析可知，人口老龄化会对财政可持续性产生负向影响。本节在前述理论分析的基础上，对人口老龄化影响财政可持续性的作用机制进行深入分析和探讨，旨在探索人口老龄化影响财政可持续性的路径。本研究在借鉴以往研究的基础上，主要从劳动供给、居民消费和社会保险三个方面来详细阐述人口老龄化对财政可持续性的作用机制。

一、劳动供给渠道

根据人口转变理论可知，人口老龄化是由生育率降低和死亡率降低导致的人口年龄结构转变，一般出现在人口转变的后期阶段。然而，在人口转变后期阶段，由于前期生育率的下降造成了人口结构中少儿人口比重在不断下降，这就导致了该阶段步入劳动年龄人口的数量在不断减少；与此同时，在该阶段，原有的劳动年龄人口开始逐渐步入老年，这使得老年人口数量在不断增加的同时，劳动年龄人口数量也在不断减少。因此，在以上两个因素的共同作用下，适龄劳动人口在逐渐减少，劳动人口增长率也在持续下降[①]。由此可见，随着人口老龄化程度的不断加深，适龄劳动人口数量会不断减少，这会在很大程度上降低劳动力的供给水平。同时，劳动参与率作为影响一个国家或地区劳动力供给水平的重要因素，同样也会受到人口老龄化的影响。在人口老龄化社会，一方面，预期寿命的延长会促使老年人口选

① 原新，高瑗，李竞博. 人口红利概念及对中国人口红利的再认识——聚焦于人口机会的分析［J］. 中国人口科学，2017（6）：19－31＋126.

择再就业，进而会提高老年人的劳动参与率；另一方面，生育率的下降会提高女性的劳动参与率，以上两方面因素都会提高劳动参与率，进而在一定程度上缓解人口老龄化对劳动力供给的负面影响①。但同时，在人口老龄化社会，劳动人口也会周期性或完全退出劳动力市场，以满足照顾老年人的需要，进而会降低劳动参与率，对劳动力供给产生负面影响②。因此，综合各方面的因素整体来看，人口老龄化会带来社会劳动力供给水平的降低。这一方面会直接减少个人所得税的税收收入，影响政府的财政收入能力；另一方面会使得人口红利逐渐消失，经济增长放缓，税基减少，同样不利于财政收入的组织。由此可见，人口老龄化会通过降低劳动力供给来对政府财政可持续性产生不利影响。

除了对劳动力供给产生冲击外，人口老龄化还会通过改变社会劳动生产率来对政府财政可持续性产生影响。人口老龄化不仅带来了社会总人口的老龄化，还带来了劳动人口的老龄化。然而，不同年龄段的劳动人口在体能、技术、经验和创新等方面存在显著差异。一般来说，劳动生产率在年龄上的分布会遵循一个“倒 U 形”的分布。从青年开始，个体劳动力的生产率会随着年龄的增加而不断提高，但这种提高不会一直持续下去，在达到峰值之后会逐渐降低。劳动生产率最高的劳动力通常集中在 25 ~ 34 岁和 35 ~ 44 岁之间。③ 由此可见，老年劳动人口的劳动生产率要普遍低于中青年劳动人口的劳动生产率④。因此，在人口老龄化社会，老年劳动人口的增加会降低社会的

---

① Bailey M J. More Power to the Pill: The Impact of Contraceptive Freedom on Women's Life Cycle Labor Supply [J]. The Quarterly Journal of Economics, 2006, 121 (1), 289 -320.

② 刘柏惠. 我国家庭中子女照料老人的机会成本——基于家庭动态调查数据的分析 [J]. 人口学刊, 2014 (5): 48 -60.

③ Hofer H, Url T. Growth effects of age - related productivity differentials in an aging society: A simulation study for Austria [J]. Population and Development Review, 2008 (34): 275 - 297.

④ 按照联合国国际劳工组织的规定，劳动年龄人口中 45 岁及以上的劳动力为老年劳动人口。

总体生产率。但同时也应注意到，老年劳动人口在知识型工作中积累的经验可能会弥补更多重复性工作中的生产率损失，尤其是当他们承担更多监督角色时①。此外，人口老龄化所造成的劳动力短缺会倒逼企业进行技术革新，促进技术进步和产业转型，这将大幅度提高社会劳动生产率，减缓人口老龄化对劳动生产率的不利影响。由此可见，人口老龄化对劳动生产率的影响具有不确定性。那么，与之相对应，人口老龄化通过劳动生产率对财政可持续性产生的影响也具有不确定性：一方面，人口老龄化可能会带来社会劳动生产率的降低，进而减少社会产出，对政府财政可持续性产生不利影响；另一方面，人口老龄化可能会带来社会劳动生产率的提高，进而提高社会生产力，对财政可持续产生有利影响。

二、居民消费渠道

一般来说，不同年龄段的人的收入水平和消费需求存在明显差异。因此，随着人口老龄化程度的不断加深以及老年人口占比的不断增加，居民消费水平和居民消费结构将发生改变。与此同时，居民消费活动作为政府财政收入的重要来源，居民消费水平和居民消费结构的改变会对政府财政可持续性产生影响。所以，居民消费也是人口老龄化影响财政可持续性的重要路径。首先，人口老龄化会通过降低居民消费水平来对政府财政可持续性产生不利影响。生命周期假说认为理性消费者会根据自己未来的预期收入平滑其在各个时期的消费，从而实现效用最大化。理性的消费者总是在工作时进行储蓄，在年老时用储蓄进行消费。因此，当一个社会的人口年龄结构发生变化时，居民平均消费倾向也会发生变化。特别是当一个社会中老年人所占比重增加时，社会边际消费倾向会提高，因此，

① Rouzet, AC Súnchez, Renault T, et al. Fiscal challenges and inclusive growth in ageing societies [J]. OECD Economic Policy Papers, 2019 (1): 1 -42.

人口老龄化会促进居民消费[①]。然而，老年人普遍存在的预防性储蓄动机和对后代的遗赠动机均会减弱人口老龄化对居民平均消费倾向的正向影响。同时也应注意到，人口老龄化对居民消费的影响不仅取决于平均消费倾向的变化，还取决于老年人的收入水平。在现实经济生活中，人们的终身收入曲线呈驼峰状分布，老年人的收入水平明显低于其他群体，因此，在人口老龄化社会，老年人口占比的增加会削弱社会总体消费能力[②]。综合来看，人口老龄化会抑制居民消费行为，从而给政府财政可持续性带来消极影响。

其次，人口老龄化还会通过改变居民的消费结构对政府财政可持续性产生影响。众所周知，居民的消费结构会受到年龄因素的影响，不同年龄段的消费群体在消费习惯、消费需求方面会有所不同。一般来说，随着年龄的增加，个人的身体机能将逐渐下降，发病率将逐渐升高，对医疗保健、长期护理等产品和服务的需求也将相应增加。因此，在人口老龄化社会，随着老年人口的增多，居民的消费结构将发生改变，会增加对医疗产品和服务的消费，进而推动相关老年产业的发展，为经济带来新的增长点，对政府财政可持续性产生有利影响。但同时也应注意到，目前在大多数国家，政府为了支持老年产业的发展，通常会对老年产品和服务提供税收优惠，这会在一定程度上削弱老年产业发展对财政可持续性的促进作用。

三、社会保险渠道

随着人口老龄化程度的不断加深和社会保障体系的不断完善，政府的养老财政负担会加重，主要表现在基本养老保险体系和基本医疗

① 王勇，周涵．人口老龄化对城镇家庭消费水平影响研究［J］．上海经济研究，2019（05）：86－93.

② Liu B，Yang Z. Population aging shock and fiscal sustainability in china：Mechanism analysis and effect simulation［J］．The Singapore Economic Review，2021，66（06）：1687－1708.

保险体系两方面。根据现有的基本养老保险制度和基本医疗保险制度可知，财政对城乡居民基本养老保险和城乡居民基本医疗保险负有直接的融资责任，而城镇职工基本养老保险和城镇职工基本医疗保险的资金主要来源于单位和个人。然而，无论融资渠道如何确定，财政最终都会对整个社会保险体系的缺口负责。因此，如果保持现有的社会保险制度不变，随着我国人口老龄化程度的不断加深，社会保险基金的收支将难以保持平衡，这些最终都将由政府负责，从而对财政运行构成潜在的压力。

人口因素是决定医疗保险基金收支平衡的基础性因素，特别是随着人口老龄化社会的到来，人口年龄结构的改变将对医疗保险基金收支平衡产生重大影响。首先，从医疗保险基金支出的角度来看，人口老龄化会增加居民对医疗服务的需求，增加医疗保险基金支出。由于身体机能的不断老化和发病率的逐渐提高，老年人对看病、住院、护理等医疗服务的需求和对医疗保险的使用频次都要高于年轻人；同时，由于我国医保统筹基金为退休人员报销医疗费用支出的范围要大于在职职工，老年人的医疗保险支付额要远高于年轻人①。因此，随着人口老龄化的加剧，老年人口的日益增多势必会增加医疗保险基金支出。此外，随着平均预期寿命的延长，参保人员享受医疗保险的时间也会相应延长，这也将导致医疗保险基金支出的增加。其次，从医疗保险基金收入的角度来看，人口老龄化会改变参保人员结构，降低缴费人员占比，减缓医疗保险基金收入的增长。随着人口老龄化程度的不断加深，退休人员将逐渐增多。现行医保政策规定退休者在退休后将不再缴纳医疗保险费用，但依然可以享受基本医疗保险待遇。因此，人口老龄化所带来的退休人员的增多会减少医疗保险缴费人员，导致医疗保险参保人员中缴费人员占比下降，这在一定程度上会减缓医疗保险基金收入的增长，从而给医疗保险基金供给带来巨大压力。

① 贾洪波，赵德慧．人口老龄化对城镇职工医保基金收支平衡的影响——基于2004～2015年省际面板数据的证据［J］．上海经济研究，2017（10）：38－46.

此外，崔佳和刘理（2013）提出退休人员的单位缴费部分也会随着缴费基数的下降而有所下降，这进一步增加了医疗保险的缴费负担①。由此可见，人口老龄化在增加医疗保险基金支出的同时，也会减少医疗保险缴费收入，从而对医疗保险基金平衡产生不利影响。然而，由于财政对基本医疗保险基金运行负有最后保付责任，当基本医疗保险基金当年结存出现缺口，且用累计结存和预留风险基金无法弥补时，就需要财政进行兜底偿付，这将对财政运行构成潜在压力②。由此可见，基本医疗保险基金失衡会增加政府的财政负担，从而对财政可持续性产生不利影响。通过上述分析可知，人口老龄化会通过加剧基本医疗保险基金失衡来对财政可持续性产生不利影响。

同理，对于基本养老保险体系而言，随着人口老龄化程度的不断加深，劳动年龄人口的相对减少和老年人口的相对增加，一方面会导致制度内缴纳基本养老保险费的人口在逐渐减少，改变基本养老保险参保人员结构，降低参保人员中缴费人员的占比，这在一定程度上会减缓基本养老保险基金收入的增长，从而给基本养老保险基金供给带来巨大压力。另一方面会导致养老金的实际领取人口在不断增加，从而导致基本养老保险基金支出的增加。同时，随着平均预期寿命的延长，参保人员领取养老金的时间也会相应延长，这也将导致基本养老保险基金支出的增加。如果保持现有养老金制度不变，未来我国的基本养老金体系将面临巨大的基金收支压力和不可持续风险。然而，国家财政对基本养老金收支缺口同样负有兜底责任，因此，基本养老保险基金的收支平衡压力将最终转变为政府的财政负担，从而对政府财政可持续性造成威胁。由此可见，人口老龄化会通过加剧基本养老保险基金失衡来对政府财政可持续性产生不利影响。

---

① 崔佳，刘理．老龄化背景下城镇职工医疗保险基金收支变化趋势及对策研究——以吉林省为例［J］．社会保障研究，2013（6）：56－62．

② 张心洁，周绿林，曾益．生育政策调整对城乡居民医疗保险财政负担的影响研究［J］．财政研究，2017（10）：76－91．

综上所述，人口老龄化会通过改变居民消费水平、居民消费结构、劳动力供给水平、劳动生产率、基本养老保险基金平衡和基本医疗保险基金平衡等多种途径来对政府财政可持续性产生影响，其影响机制可以用图 5－1 来表示。

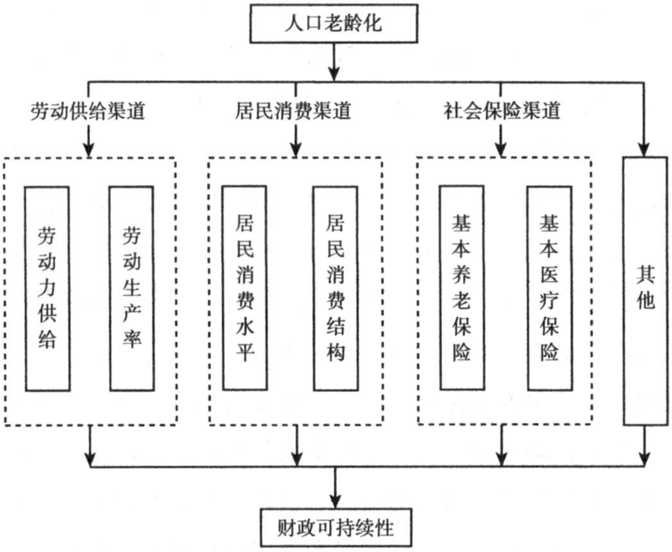

图 5－1　人口老龄化影响财政可持续性的作用机制

第二节　模型构建与变量选取

一、模型构建

人口老龄化对财政可持续性的影响极为复杂，其不仅会对财政可持续性产生直接影响，还会在很大程度上通过许多中介变量来间接地影响财政可持续性。上一节已从理论上分析了人口老龄化影响财政可持续性的作用机制，但还需要做进一步的实证检验。在现有的实证研究中，检验中介效应的方法有很多种，并且不同的检验方法在检验程序、检验合理性和检验有效性等方面各有不同，温忠麟等（2004）在总结和改进巴伦和肯尼（Baron 和 Kenny，1986）等人研究的基础上，提出了一个综合性的检验方法①。该方法不仅检验程序简单合理，而且能够保证较高的检验功效和较低的检验错误率，在现有的实证研究中被广泛应用。因此，为了考察劳动供给、居民消费和社会保险等因素是否在人口老龄化影响财政可持续性的过程中存在中介效应，本研究借鉴温忠麟等（2004）提出的方法，构建如下中介模型进行中介效应检验：

$$sus_{it} = \alpha_0 + \alpha_1 age_{it} + \alpha_2 X_{it} + \theta_i + \eta_t + \varepsilon_{it} \quad (5-1)$$

$$M_{it} = \beta_0 + \beta_1 age_{it} + \beta_2 X_{it} + \theta_i + \eta_t + \varepsilon_{it} \quad (5-2)$$

$$sus_{it} = \gamma_0 + \gamma_1 age_{it} + \gamma_2 M_{it} + \gamma_3 X_{it} + \theta_i + \eta_t + \varepsilon_{it} \quad (5-3)$$

其中，下标 i 表示省份，t 表示年份；sus 表示财政可持续性；age 为核心解释变量，代表人口老龄化水平；M 为中介变量，包含劳动力供给（wk）、劳动生产率（lap）、居民消费水平（$conr$）、居民消费结构（hcc）、基本养老保险（ins）和基本医疗保险（$mins$）等六个变量；X 为一组控制变量，包含经济发展水平（gdp）、财政分权（fd）、固定资产投资（inv）和对外开放度（eo）；α_i，β_i，γ_i 为待估参数；θ_i 和 η_t 分别代表个体效应和时间效应；ε_{it}为随机扰动项。

二、实证策略

本研究采用温忠麟等（2004）提出的方法对上述中介效应模型进行检验，具体检验程序如图 5－2 所示。总体来看，该检验程序可以分为四步：第一步，通过检验方程（5－1）中的人口老龄化的回归系数 α_1 的显著性来检验人口老龄化对财政可持续性的总效应。第

① 温忠麟，张雷，侯杰泰，刘红云．中介效应检验程序及其应用［J］．心理学报，2004，36（5）：614－620.

一种情况是回归系数 α_1 显著，表明总效应显著，可以继续进行中介效应检验的下一步；第二种情况是回归系数 α_1 不显著，表明总效应不显著，不具备中介效应检验的前提条件，无须继续进行中介效应检验，可直接终止。第二步，依次对方程（5－2）中人口老龄化的回归系数 β_1 和方程（5－3）中中介变量的回归系数 γ_2 进行显著性检验。如果回归系数 β_1 和 γ_2 都显著，则表明核心解释变量人口老龄化（*age*）对被解释变量财政可持续性（*sus*）的影响至少有一部分是通过了中介变量（*M*）实现的，可以继续进行第三步的检验；如果方程回归系数 β_1 和 γ_2 中至少有一个不显著，则直接进入第四步，做 *sobel* 检验。第三步，结合第二步的检验结果，如果方程（5－3）中人口老龄化（*age*）的回归系数 γ_1 不显著，则表明存在完全中介效应，即核心解释变量人口老龄化（*age*）对被解释变量财政可持续性（*sus*）的影响必然要经过中介变量（*M*）才能起作用；如果方程（5－3）中人口老龄化的回归系数 γ_1 显著，则表明存在部分中介效应，即核心解释变量人口老龄化（*age*）对被解释变量财政可持续性（*sus*）的影响有一部分是通过中介变量（*M*）起的作用，且中介效应等于 $\beta_1\gamma_2$，中介比例等于中介效应/总效应，即 $\beta_1\gamma_2/\alpha_1$。第四步，做 *sobel* 检验，该检验的统计量为 $Z=\beta_1\gamma_2/\sqrt{\beta_1^2S_{\gamma_2}^2+\gamma_2^2S_{\beta_1}^2}$，其中，$S_{\beta_1}$ 和 S_{γ_2} 分别为回归系数 β_1 和 γ_2 的标准差，如果统计量 Z 通过了显著性检验，则表明中介效应显著，就可以按照上述第三步中介绍的方法来计算中介效应；如果统计量 Z 未通过显著性检验，则表明中介效应不显著，检验结束。MacKinnon 等（2002）提出 Sobel 检验的统计量 Z 与标准正态分布有所不同，其在 5% 显著水平下的临界值为 0.97①。因此，本研究在进行 Sobel 检验时也以该临界值为准。

① MacKinnon D P, Lockwood C M, Hoffman J M, et al. A Comparison of Methods to Test Mediation and Other intervening Variable Effects [J]. Psychological Methods, 2002, 7 (01): 83－104.

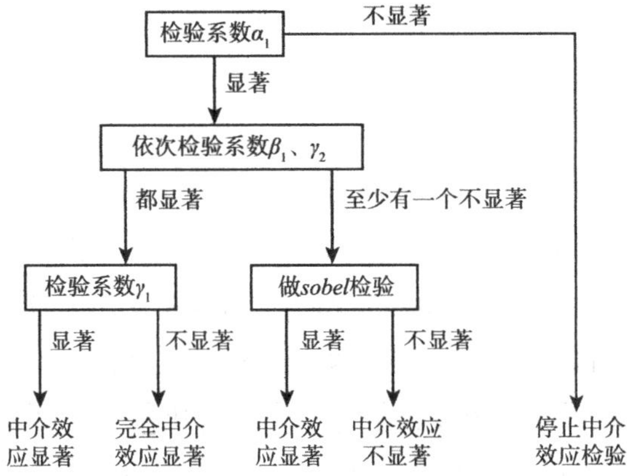

图 5-2　中介效应检验程序

三、变量选取与数据来源

（一）变量选取与说明

1. 被解释变量

现有文献中关于财政可持续性的衡量指标较多，一般采用财政赤字、财政收入与财政支出的比值、债务负担率、政府新增债务量等指标作为政府财政可持续性的衡量指标。由于这些衡量指标算法简单，数据容易获取，因此在现有的研究中被广泛运用。但同时这些衡量指标也存在明显的缺陷，即无法全面综合地反映政府的财政可持续性状况，而仅能反映政府财政的某一方面，如财政收支平衡或政府债务规模等。因此，部分学者通过构建财政可持续性的评价指标体系来衡量政府的财政可持续性，但在具体实施过程中关于评价指标的选取和权重的确定具有一定的主观性，且缺乏必要的理论支撑。也有学者采用 Giammarioli 等（2007）提出的融资缺口指标来作为财政可持续性的衡量指标，但该指标的测算结果易受社会折现率等参数取值的影响，这可能会降低测算结果的准确性。为了规避这些缺点，本研究将采用 Ostry 等（2010）、Ghosh 等（2013）的做法，基于非线性财政反应函数来对我国政府的财政可持续性程度进行测算，具体计算方法和测算结果见第四章。

2. 核心解释变量

本研究的核心解释变量为人口老龄化（*age*）。在现有文献中，大多数学者采用老年人口比重或是老年抚养比作为人口老龄化的衡量指标，也有少数学者采用老少比作为人口老龄化的衡量指标，如杨胜刚和朱琦（2011）。本研究将借鉴大多数学者的做法，继续沿用联合国的界定标准，将65岁及以上老年人口占比作为人口老龄化的主要衡量指标，该指标值的大小可以直接反映一个国家或地区的人口老龄化程度。此外，为了验证研究结果的稳健性，本研究采用老年抚养比（*odr*）作为人口老龄化的另一衡量指标辅助使用，在稳健性检验中以老年抚养比（*odr*）作为人口老龄化的替代指标来进行稳健性分析。

3. 中介变量

（1）劳动供给

人口老龄化通过劳动供给对政府财政可持续性产生的影响主要是通过影响劳动力供给和劳动生产率来实现的。现有文献在研究人口老龄化对劳动供给的影响时一般选取劳动年龄人口数量、劳动年龄人口占比、劳动年龄人口增长率、就业人口数量、就业人口占比以及就业人口增长率等指标作为劳动力供给的代理变量，其中，与劳动年龄人口相关的指标只能反映潜在的劳动力供给，而与就业人口相关的指标可以反映真实的劳动力供给，因而被大多数学者采用。因此，本研究选取就业人口增长率作为中介变量劳动力供给（*wk*）的衡量指标。对于劳动生产率衡量指标的选取，现有文献一般选取GDP与就业人口的比重或是人均受教育年限和就业人数的乘积作为劳动生产率的代理变量。本研究根据研究需要和数据的可获得性，选取GDP与年末就业人口的比值作为中介变量劳动生产率（*lap*）的衡量指标。

（2）居民消费

人口老龄化通过居民消费对政府财政可持续性产生的影响主要是

通过改变居民消费水平和居民消费结构来实现的。关于居民消费水平的衡量，现有文献在进行实证研究时选取的居民消费水平的衡量指标一般可以分为两类：第一类是绝对指标，包括居民消费支出和人均消费支出等；第二类是相对指标，包括居民消费支出占 GDP 的比重和居民人均消费支出在居民人均收入中的占比等。相比之下，相对指标更能反映居民的真实消费水平。因此，本研究选用居民人均消费支出占居民人均可支配收入的比重作为中介变量居民消费水平（con）的衡量指标。关于居民消费结构的衡量，朱勤和魏涛远（2016）①、徐贵雄等（2021）② 在研究人口老龄化对居民消费结构的影响时，是按照居民消费支出的八大分类进行研究的；田志奇（2020）③、齐红倩和刘岩（2020）④ 则是将居民消费支出的八大分类项合并为生存型消费、享受型消费和发展型消费三大类进行的研究；聂高辉和严然（2020）⑤ 在研究人口老龄化对区域产业结构升级的居民消费效应时，选用城镇居民医疗保健消费比重、城镇居民文教娱乐消费比重、城镇居民居住消费比重和城镇居民家庭设备消费比重这四个指标作为居民消费结构的衡量指标。考虑到人口老龄化对居民消费结构的影响主要体现在居民医疗保健消费支出占比的改变上，因此本研究根据研究的需要和数据的可获得性，选用居民人均医疗保健支出在居民人均消费支出的占比作为中介变量居民消费结构（*heac*）的衡量指标。

---

① 朱勤，魏涛远．中国人口老龄化与城镇化对未来居民消费的影响分析［J］．人口研究，2016（6）：62－75.

② 徐贵雄，赵昕东，陈丽珍．人口老龄化对城乡居民消费结构的影响研究——基于 LA－AIDS 拓展模型视角［J］．哈尔滨商业大学学报（社会科学版），2021（1）：85－98.

③ 田志奇．人口老龄化与消费结构升级——基于省级数据的经验分析［J］．商业时代，2020（10）：63－66.

④ 齐红倩，刘岩．人口年龄结构变动与居民家庭消费升级——基于 CFPS 数据的实证研究［J］．中国人口·资源与环境，2020，30（12）：174－184.

⑤ 聂高辉，严然．人口老龄化对区域产业结构升级溢出效应研究——基于居民消费结构变迁［J］．重庆社会科学，2020（7）：20－34.

(3) 社会保险

人口老龄化通过社会保险基金体系影响财政可持续性主要表现在基本养老保险基金失衡和基本医疗保险基金失衡两方面。关于基本养老保险代理变量和基本医疗保险代理变量的选取，不同学者选用了不同的衡量指标。例如，对于基本养老保险代理变量的选取，姚金海(2016)选用养老金收支缺口来衡量；赫国胜和柳如眉(2016)则是用老年支助比，即劳动力缴费人口与退休老年人口的比值来衡量；刘建国和孙勤英(2019)则是以养老保险参保人数增长率来衡量；而对于基本医疗保险代理变量的选取，贾洪波和赵德慧(2017)以人均职工医保基金支出和人均职工医保基金收入来衡量；李乐乐(2017)则是以医疗保险基金累积结余和当年的医疗保险基金支出的差额来衡量。由于本书重点关注基本养老保险基金失衡和基本医疗保险基金失衡在人口老龄化影响财政可持续性过程中的中介效应，因此，本书根据研究需要和数据的可获得性，通过构建新的衡量指标来反映基本养老保险和基本医疗保险潜在的财政压力。无论是基本养老保险基金失衡，还是基本医疗保险基金失衡，反映的都是基本养老保险基金或基本医疗保险基金收支的一种相对关系，主要受基本养老保险(或基本医疗保险)基金收入和基本养老保险(或基本医疗保险)基金支出因素的影响。因此，本研究采用基本养老保险基金收入与基本养老保险基金支出的比值作为中介变量基本养老保险(*ins*)的代理变量；同理，用基本医疗保险基金收入与基本医疗保险基金支出的比值作为中介变量基本医疗保险(*mins*)的代理变量。

4. 控制变量

财政可持续性除了受到人口老龄化的影响外，还受到其他多种因素的影响。在借鉴已有文献研究的基础上，本研究选取经济发展水平(*gdp*)、财政分权(*fd*)、固定资产投资(*inv*)和对外开放度(*eo*)作为控制变量，变量具体说明见表5-1：

表 5-1 变量说明

变量类型	变量名称	变量定义
被解释变量	财政可持续性（*sus*）	详见第四章第三节的计算结果
核心解释变量	人口老龄化（*age*）	各省份老年人口占总人口的比重
	老年抚养比（*odr*）	各省份老年人口占劳动人口的比重
中介变量	劳动力供给（wk）	各省份年末就业人口增长率
	劳动生产率（lap）	各省份 GDP 与年末就业人口的比值
	居民消费水平（con）	各省份居民人均消费支出占居民人均可支配收入的比重
	居民消费结构（heac）	各省份居民人均医疗保健支出占居民人均消费支出的比重
	基本养老保险（ins）	各省份基本养老保险基金收入与基本养老保险基金支出的比值
	基本医疗保险（mins）	各省份基本医疗保险基金收入与基本医疗保险基金支出的比值
控制变量	经济发展水平（*gdp*）	各省份 GDP 增长率
	财政分权（*fd*）	各省份人均公共预算收入与各省份人均公共预算收入和中央人均公共预算收入之和的比值
	固定资产投资（*inv*）	各省份全社会固定资产投资增长率
	对外开放度（*eo*）	各省份当年以美元兑人民币中间价折算的进出口总额占当年地区生产总值的比重

（1）经济发展水平（*gdp*）。作为政府财力的主要来源，一个地区的经济发展水平会直接影响本地区的财政可持续状况。现有研究已经证实，经济增长会对政府财政可持续性产生明显的促进作用。例如，刘孝斌和钟坚（2019）的研究结果显示经济增长会对政府财政可持续性产生显著的正向影响，并且这种正向影响会随着财政赤字规模的增大而增大。张学诞和李娜（2020）也认为经济增长是政府保持长期财政可持续性的一个关键因素，经济增长能够明显促进政府财政的可持续发展。因此，本研究将引入经济发展水平作为控制变量，并参考以往研究，采用 GDP 增长率作为经济发展水平的

代理变量。

（2）财政分权（fd）。毫无疑问，财政体制也是影响政府财政可持续性的重要因素。李建军和王鑫（2018）认为税收分权对于增强地方政府财政可持续性具有明显的促进作用，并且这种促进作用在不同税种之间存在明显的差异。刘富华和吴近平（2020）则持相反观点，认为财政分权会显著抑制地方政府财政的可持续发展，这主要是因为财政分权会限制地方政府的财政收入组织能力，从而使得地方政府的财权与支出不匹配，进而对政府财政可持续性产生不利影响。因此，本研究将引入财政分权作为控制变量，并参考以往研究，采用各省份人均公共预算收入与各省份人均公共预算收入和中央人均公共预算收入之和的比值作为财政分权的代理变量。

（3）固定资产投资（inv）。研究证实，固定资产投资在提升政府财政可持续性方面发挥着重要作用。刘孝斌和钟坚（2018）认为固定资产投资会为政府维持财政可持续性提供正向动力，但也有学者通过实证研究发现固定资产投资会减弱政府的财政可持续性，例如孙正（2019，2020）、杜彤伟等（2019）等。因此，本研究将引入固定资产投资作为控制变量，并参考以往研究，采用全社会固定资产投资增长率作为其代理变量。

（4）对外开放度（eo）。现有文献在研究政府财政可持续性时，经常将对外开放视为一个重要的影响因素。例如，刘孝斌和钟坚（2018）认为对外开放对维持政府财政可持续性、防范政府债务危机效果显著；孙正（2020）则认为对外开放度的增加会加重政府出口退税负担，从而对财政可持续发展产生不利影响。因此，本研究将引入对外开放度作为控制变量，并参考以往的研究，以各省份当年以美元兑人民币中间价折算的进出口总额占当年地区生产总值的比重作为对外开放度的代理变量。

（二）数据来源与描述性统计

本节所使用的数据主要来自 2013 ~ 2020 年《中国统计年鉴》

《中国人口与就业统计年鉴》，部分年份数据来自于《新中国六十年统计资料汇编》、中经网统计数据库以及各省、市、自治区统计年鉴和统计公报。基于数据的可得性，本节选取我国 2012～2019 年 29 个省份（海南和西藏除外）的面板数据进行实证检验，所有数据均为年份数据。各变量的描述性统计见表 5－2。

由表 5－2 可知，被解释变量财政可持续性和核心解释变量人口老龄化的标准差均小于均值，说明两者的离散程度较小，分布较为集中。但从两者的最大值和最小值统计结果来看，被解释变量财政可持续性和核心解释变量人口老龄化的最大值和最小值之间存在较大差异。样本内 29 个省份财政可持续性的最小值为 －0.53，而最大值达到了 0.789；人口老龄化的主要衡量指标，即老年人口占比的最小值仅为 0.064，尚未超过 7% 的老龄化水平，而最大值已高达 0.163，远超 14% 的深度老龄化水平；人口老龄化的另一衡量指标老年抚养比的最小值仅为 0.088，而最大值达到 0.238，最大值是最小值的 3 倍。从表 5－2 中各中介变量的描述性统计结果来看，劳动生产率、居民消费水平、居民消费结构、基本养老保险和基本医疗保险等多数中介变量的标准差均小于其均值，说明劳动生产率、居民消费水平和居民消费结构等中介变量的离散程度较小，分布较为集中；而中介变量劳动力供给的标准差略大于其均值，表明其波动幅度较大。从中介变量的最大值和最小值统计结果来看，各中介变量的最大值和最小值之间存在较大差异。例如，样本内 29 个省份劳动力供给的最大值为 0.201，最小值仅为 －0.105，相差 2 倍；劳动生产率的最大值为 27.844，最小值仅为 3.616，相差 7 倍。从表 5－2 中报告的控制变量的统计结果来看，经济发展水平和财政分权的标准差均小于均值，说明两者的离散程度较小，分布较为集中；而固定资产投资和对外开放度的标准差略大于均值，说明两者的波动幅度较大。从经济发展水平、固定资产投资等控制变量的最大值和最小值统计结果来看，各控制变量的最大值和最小值之间也存在较大差异。例如，样本内 29 个省份经济发展水平的最小值为 -0.04，而最大值为 0.212；固定资产投资的最小值为 -0.627，最大值为 0.35；对外开放度的最小值为 0.013，而最大值为 1.441。

表 5-2　　　　各变量的描述性统计

变量类型	变量名称	样本量	均值	标准差	最小值	最大值
被解释变量	财政可持续性（sus）	232	0.379	0.234	-0.530	0.789
核心解释变量	人口老龄化（age）	232	0.105	0.022	0.064	0.163
	老年抚养比（odr）	232	0.144	0.032	0.088	0.238
中介变量	劳动力供给（wk）	232	0.008	0.024	-0.105	0.201
	劳动生产率（lap）	232	9.309	4.687	3.616	27.844
	居民消费水平（con）	232	0.744	0.068	0.626	0.976
	居民消费结构（heac）	232	0.082	0.018	0.041	0.136
	基本养老保险（ins）	232	1.166	0.182	0.758	1.859
	基本医疗保险（mins）	232	1.203	0.106	0.995	1.925
控制变量	经济发展水平（gdp）	232	0.090	0.036	-0.040	0.212
	财政分权（fd）	232	0.514	0.123	0.327	0.835
	固定资产投资（inv）	232	0.108	0.125	-0.627	0.350
	对外开放度（eo）	232	0.265	0.293	0.013	1.441

同时，为了深入了解东中西三大区域的财政可持续状况、人口老龄化水平和经济发展水平的差异，本研究进一步列出了不同地区各变量的描述性统计结果，具体见表 5-3。由表 5-3 可知，对于被解释变量来说，东部地区地方政府的财政可持续性均值略大于中部地区，但明显大于西部地区。对于核心解释变量来说，东部地区的老年人口比重和老年抚养比的均值同样是略大于中部地区，但明显大于西部地区。由此可见，无论是从政府的财政可持续性角度来看，还是从人口老龄化的程度来看，东中部地区和与西部地区之间存在明显的地区差异。对于中介变量来说，东部地区的劳动生产率均值明显高于其他两个地区；对于其他中介变量来说，三个地区之间虽然有差异，但差异并不大。对于控制变量来说，三个地区仍存在

明显的地区差异，东部地区的财政分权、固定资产投资和对外开放度这三个变量的均值明显高于其他两个地区；但经济发展水平的情况略有不同，西部地区经济增长速度的均值要快于东中部地区，这可能是因为近年来我国对西部地区经济发展的支持政策较多导致的。由此可见，各个变量在不同地区之间存在明显的地区差异，在后续的实证研究中，有必要进行区域异质性分析。此外，为了避免多重共线性可能带来的估计量非有效问题，本研究还进行了多重共线性的方差膨胀因子（VIF）检验，VIF 的检验结果均小于 10，说明本研究中不存在多重共线性问题。

表 5-3 不同地区变量的描述性统计结果

变量类型	变量名	东部地区	中部地区	西部地区
被解释变量	财政可持续性（sus）	0.533 (0.144)	0.450 (0.159)	0.188 (0.215)
核心解释变量	人口老龄化（age）	0.112 (0.023)	0.106 (0.016)	0.099 (0.023)
	老年抚养比（odr）	0.149 (0.034)	0.147 (0.025)	0.138 (0.035)
中介变量	劳动力供给（wk）	0.010 (0.029)	0.002 (0.020)	0.010 (0.021)
	劳动生产率（lap）	13.290 (5.604)	7.042 (1.689)	7.338 (2.338)
	居民消费水平（con）	0.724 (0.072)	0.724 (0.048)	0.776 (0.064)
	居民消费结构（heac）	0.072 (0.016)	0.090 (0.020)	0.086 (0.014)
	基本养老保险（ins）	1.231 (0.242)	1.111 (0.143)	1.147 (0.118)
	基本医疗保险（mins）	1.228 (0.138)	1.182 (0.079)	1.195 (0.085)

续表

变量类型	变量名	东部地区	中部地区	西部地区
控制变量	经济发展水平（gdp）	0.083 (0.025)	0.083 (0.043)	0.101 (0.036)
	财政分权（fd）	0.630 (0.125)	0.436 (0.044)	0.466 (0.073)
	固定资产投资（inv）	0.084 (0.116)	0.114 (0.124)	0.125 (0.132)
	对外开放度（eo）	0.555 (0.337)	0.109 (0.032)	0.114 (0.076)

注：表中所列的数据为各变量的均值，括号内为标准差。限于篇幅，本书未列出各变量在三大区域内的最大值和最小值结果。

第三节　实证结果与分析

一、人口老龄化对财政可持续性的影响分析

（一）基准回归分析

按照中介效应检验的流程，首先要根据方程（5－1）的基准模型估计人口老龄化对财政可持续性的影响，以判断是否具备中介效应检验的条件，估计结果如表5－4所示。由于本研究使用的是面板数据，因此，应首先考虑模型的选取问题。表5－4中Hausman的检验结果表明，本研究应使用双向固定效应模型对人口老龄化与财政可持续性间的关系进行研究。在模型（1）中，人口老龄化（age）的回归系数显著为负，表明人口老龄化会对政府财政可持续性产生显著的负向影响；模型（2）至（5）依次加入了经济发展水平（gdp）、对外开放度（eo）、固定资产投资（inv）和财政分权（fd），结果显示人口老龄化（age）的回归系数依然显著为负，且系数值的变动幅度较小，这一方面反映出模型估计结果较为稳健，未出现明显的多重共

线性问题；另一方面也表明人口老龄化会对政府财政可持续性产生显著的负向影响，这与现有大多数文献的研究结论一致。人口老龄化之所以会给政府的财政可持续性带来负面影响，主要是因为人口老龄化在增加政府支出责任，增加政府支出压力的同时，也会引起税基缩减，减少政府的财政收入能力。因此，随着人口老龄化程度的不断加深，人口老龄化会加剧政府的财政收支不平衡，导致财政风险加大，从而对政府财政可持续性产生不利影响。

在控制变量方面，经济发展水平（gdp）的估计系数在模型（2）至（5）中均显著为正，表明促进一个地区的经济发展有利于增强该地区政府的财政可持续性，与理论预期相符。对外开放度（eo）的估计系数在模型（3）至（5）中均显著为负，表明促进一个地区的对外开放并不会对该地区政府的财政可持续性产生有利影响，这可能是因为在促进对外开放时，会增加政府出口退税负担，从而对政府财政可持续性产生不利影响（孙正，2020）。固定资产投资（inv）的估计系数在模型（4）至（5）中均显著为正，这表明加大固定资产投资有利于增强政府的财政可持续性，这与现有大多数文献的研究结论一致。财政分权（fd）的估计系数显著为负，表明财政分权程度的加深会对地方财政可持续性产生不利影响。

表5－4　人口老龄化对财政可持续性影响的基准回归分析

变量	(1)	(2)	(3)	(4)	(5)
age	−0.847*** (0.311)	−0.664** (0.306)	−0.697*** (0.215)	−0.631* (0.327)	−0.714** (0.335)
gdp		0.479*** (0.130)	0.503*** (0.123)	0.466*** (0.116)	0.462*** (0.116)
eo			−0.268*** (0.053)	−0.261*** (0.051)	−0.279*** (0.053)
inv				0.161*** (0.032)	0.170*** (0.034)

续表

变量	(1)	(2)	(3)	(4)	(5)
fd					-0.182*** (0.023)
cons	0.468*** (0.033)	0.406*** (0.036)	0.541*** (0.044)	0.455*** (0.045)	0.562*** (0.107)
省份固定效应	是	是	是	是	是
年份固定效应	是	是	是	是	是
N	232	232	232	232	232
R^2	0.035	0.097	0.198	0.286	0.290
Hausman 检验	5.81*	24.66***	60.25***	73.31***	92.65***

注：***、**和*分别表示在1%、5%和10%水平下显著，圆括号内为回归系数的标准误，下文同。

（二）稳健性检验

本部分检验基准回归结果的稳定性，主要采用了替换变量、缩尾处理和剔除直辖市样本三种方法，具体检验结果如表5-5所示。考虑到被解释变量财政可持续性（sus）难以找到较为合适的替代指标，因此本研究首先采用替换核心解释变量的方法进行稳健性检验，即用老年抚养比（odr）作为人口老龄化的衡量指标来进行稳健性检验，检验结果如表5-5第1列所示。根据替换核心解释变量后的回归结果可知，当以老年抚养比（odr）作为人口老龄化的衡量指标时，核心解释变量人口老龄化的回归系数仍显著为负，表明人口老龄化会抑制政府财政可持续发展，这与基准回归结果保持一致。从控制变量的回归结果可知，经济发展水平（gdp）和固定资产投资（inv）都与政府财政可持续性显著正相关；而对外开放度（eo）和财政分权（fd）都与政府财政可持续性显著负相关。上述回归结果均与基准回归结果一致，并未发生实质改变，说明实证结论是稳健的。

其次，考虑到少数极端值离大多数观测值较远，可能会影响回归结果，进而造成估计偏误。因此，本研究对包含被解释变量财政可持续性（sus）、核心解释变量人口老龄化（age）、控制变量经济发展水平（gdp）、固定资产投资（inv）、对外开放度（eo）和财政分权（fd）在内的所有变量进行1%分位上的双侧缩尾处理后重新进行估计，并以此进行稳健性检验，具体估计结果如表5－5第2列所示。根据缩尾处理后的回归结果可知，核心解释变量人口老龄化（age）的回归系数仍为负数且显著，表明人口老龄化对财政可持续性有显著的负向影响，这与基准回归分析结果一致。除此之外，控制变量经济发展水平（gdp）、对外开放度（eo）、固定资产投资（inv）和财政分权（fd）的回归结果也与基准回归分析结果保持一致，表明基准回归结果是稳健的。

最后，考虑到直辖市的特殊性，本研究从样本中剔除上海、北京、天津和重庆四个直辖市数据后重新进行估计，结果如表5－5第3列所示。根据样本剔除后的回归结果可知，核心解释变量人口老龄化（age）的回归结果、控制变量经济发展水平（gdp）、对外开放度（eo）、固定资产投资（inv）和财政分权（fd）的回归结果均与基准回归分析结果保持一致，表明基准回归结果是稳健的。

表5－5　　　　稳健性检验结果

变量	(1)	(2)	(3)
	替换解释变量	缩尾处理	剔除直辖市
age		−0.679** (0.298)	−0.943** (0.377)
odr	−0.385* (0.209)		
gdp	0.466*** (0.116)	0.454*** (0.107)	0.439*** (0.124)
eo	−0.270*** (0.053)	−0.278*** (0.048)	−0.128 (0.093)
inv	0.173*** (0.034)	0.185*** (0.032)	0.158*** (0.036)

续表

变量	(1)	(2)	(3)
	替换解释变量	缩尾处理	剔除直辖市
fd	-0.163 *** (0.026)	-0.143 (0.146)	-0.233 (0.183)
cons	0.529 *** (0.103)	0.538 *** (0.094)	0.544 *** (0.112)
省份固定效应	是	是	是
年份固定效应	是	是	是
N	232	232	200
R^2	0.286	0.347	0.270
Hausman 检验	93.54 ***	98.94 ***	71.73 ***

（三）区域异质性分析

通过前文分析可知，不同地区的经济发展水平和人口老龄化程度不尽相同，各地方政府的财政可持续性也存在明显的地区差异。因此，本研究将样本数据中的29个省份分为东中西三个地区分别进行回归，以此来研究人口老龄化对财政可持续性影响的区域差异，具体回归结果如表5-6所示。根据分地区的回归结果可知，在东中西三个区域内，人口老龄化（age）的回归系数均为负，表明在东中西三个区域内人口老龄化都会对政府财政可持续性产生负向影响，这与全样本的分析结果一致。但同时又存在明显的地区差异：人口老龄化对政府财政可持续性的负向影响在东部地区较弱，在中部地区较强，在西部地区不显著。从控制变量的回归结果来看，同样存在明显的地区差异。首先，从经济发展水平（gdp）的回归结果来看，在东中西三个区域内，经济发展均会对政府财政可持续性产生显著的正向影响，且这种正向影响在东部和西部地区较大，在中部地区较小。其次，从对外开放度（eo）的回归结果来看，在西部地区，对外开放会对政府财政可持续性产生负向影响，但不显著，而在东部和中部地区，对外开放均会对政府财政可持续性产生显著的负向影响。再次，从固定资产投资（inv）的回归结果来看，在中部地区，固定资产投资会对政府财政可持续性产生正向影响，但不显著，而在东部和西部两个地区，固定资产投资均会对政府财政可持续性产生显著的正向影响。最后，从财政分权（fd）的回归结果来看，在东部和西部两个地区，财政分权会对政府财政可持续性产生负向影响，但不显著；但在中部地区，财政分权对政府财政可持续性产生显著的负向影响。

表 5-6　人口老龄化影响财政可持续性的分地区估计结果

变量	(1)	(2)	(3)
	东部	中部	西部
age	-0.495* (0.279)	-1.309*** (0.341)	-0.766 (1.298)
gdp	0.502** (0.196)	0.211* (0.110)	0.485* (0.272)
eo	-0.250*** (0.039)	-0.370* (0.215)	-0.461 (0.284)
inv	0.145*** (0.044)	0.056 (0.036)	0.242*** (0.081)
fd	-0.149 (0.162)	-0.413** (0.167)	-0.762 (0.505)
cons	0.767*** (0.123)	0.425*** (0.091)	0.592* (0.321)
省份固定效应	是	是	是
年份固定效应	是	是	是
N	80	64	88
R^2	0.525	0.510	0.260
Hausman 检验	55.04***	48.08***	34.29***

二、人口老龄化对财政可持续性的中介效应分析

（一）基于劳动供给的中介效应检验

根据表 5－4 第 5 列所示的基准回归结果可知，人口老龄化对财政可持续性的总效应为 －0.714，且在 5% 的水平下显著，满足中介效应检验的前提条件，可以继续进行中介效应的检验。因此，本研究将劳动力供给（wk）和劳动生产率（lap）分别代入方程（5－2）中作为被解释变量和代入方程（5－3）中作为解释变量进行回归，以检验劳动供给是否在人口老龄化影响政府财政可持续性的过程中存在中介效应，检验结果如表 5－7 所示。表 5－7 中模型（1）列示了基准回归结果，显示了人口老龄化对财政可持续性的总效应；模型（2）和模型（3）用于检验劳动力供给（wk）在人口老龄化影响财政可持续性过程中的中介效应，模型（4）和模型（5）用于检验劳动生产率（lap）在人口老龄化影响财政可持续性过程中的中介效应。

模型（2）的回归结果显示人口老龄化与劳动力供给显著负相关，表明人口老龄化会对劳动力供给产生显著的负向影响。模型（3）的回归结果显示劳动力供给与政府财政可持续性显著正相关，表明增加劳动力供给会对政府财政可持续性产生显著的正向影响。由于这两个回归系数均通过了显著性检验，结合中介效应检验程序可知，劳动力供给在人口老龄化影响财政可持续性的过程中存在着显著的中介效应，即人口老龄化会通过减少劳动力供给来对政府财政可持续性产生不利影响，这与上述理论分析的结论一致。中介效应为 $\beta_1=(-0.472)\times0.037=-0.017$，中介比例＝中介效应/总效应＝$(-0.017)/(-0.714)=2.38\%$，说明中介效应虽然存在，但作用较小。

模型（4）的回归结果显示人口老龄化与劳动生产率显著负相关，表明人口老龄化会阻碍劳动生产率的提高。这可能是因为我国的

人口老龄化伴随着产业转型升级，使得老年劳动力难以适应这种变化。同时，由于我国缺乏完善的终身学习和培训体系，使得老年劳动力难以通过人力资本投资来保持原有的生产力。因此，人口的快速老龄化会明显抑制我国劳动生产率的提升。模型（5）的回归结果显示劳动生产率与政府财政可持续性显著正相关，表明提高劳动生产率有利于增强政府的财政可持续性。这主要是因为社会劳动生产率的提高有利于增强社会生产力和增加社会产出，进而会对政府财政可持续性产生有利影响。由于这两个回归系数也都通过了显著性检验，结合中介效应检验程序可知，劳动生产率在人口老龄化影响财政可持续性的过程中存在着显著的中介效应，即人口老龄化会通过降低劳动生产率来对政府财政可持续性产生不利影响，这为前述理论分析提供了经验证据。中介效应为 $\beta_1 = (-92.563) \times 0.002 = -0.185$，中介比例 = 中介效应/总效应 = (−0.185)/(−0.714) = 25.91%，中介作用较大。

由此可见，在人口老龄化影响财政可持续性的过程中，劳动供给是重要的中介因素，特别是劳动生产率发挥着重要的中介作用。因此在提升政府财政可持续性时，不仅要改变人口结构，减缓人口老龄化，还要扩大劳动供给，注重劳动生产率的提高，从而减轻人口老龄化通过劳动供给对财政可持续性的不利影响。

表 5－7　　　　基于劳动供给的中介效应检验结果

变量	(1)	(2)	(3)	(4)	(5)
	sus	wk	sus	lap	sus
age	−0.714** (0.335)	−0.472*** (0.132)	−0.696** (0.347)	−92.563*** (7.660)	−0.529*** (0.103)
wk			0.037*** (0.011)		
lap					0.002*** (0.000)

续表

变量	(1)	(2)	(3)	(4)	(5)
	sus	wk	sus	lap	sus
gdp	0.462 *** (0.116)	0.027 (0.046)	0.461 *** (0.117)	1.642 (2.652)	0.464 *** (0.116)
eo	-0.279 *** (0.053)	0.024 (0.021)	-0.280 *** (0.053)	-6.336 *** (1.213)	-0.290 *** (0.057)
inv	0.170 *** (0.034)	0.034 ** (0.013)	0.169 *** (0.034)	-1.937 ** (0.766)	0.167 *** (0.034)
fd	-0.182 *** (0.023)	0.212 *** (0.066)	-0.190 (0.171)	1.108 (3.808)	-0.180 (0.167)
cons	0.562 *** (0.107)	-0.064 (0.042)	0.564 *** (0.108)	0.735 (2.448)	0.563 *** (0.107)
省份固定效应	是	是	是	是	是
年份固定效应	是	是	是	是	是
N	232	232	232	232	232
R^2	0.290	0.275	0.290	0.659	0.291
Sobel 检验					
中介效应是否显著	是			是	
中介效应大小	-0.017			-0.185	
中介效应/总效应	2.38%			25.91%	

（二）基于居民消费的中介效应检验

表5-8报告了居民消费中介效应检验结果，模型（2）和模型（3）这两个模型用于检验居民消费水平（con）在人口老龄化影响财政可持续性过程中的中介效应，模型（4）和模型（5）这两个模型用于检验居民消费结构（*heac*）在人口老龄化影响政府财政可持续性过程中的中介效应。模型（2）的回归结果显示人口老龄化与居民消费水平显著负相关，表明随着人口老龄化程度的不断加深，居民消费水平会显著降低。这主要是因为我国老年人的收入水平较低，稳定性

较差，这都制约了我国老年人消费水平的提高。因此，随着人口老龄化的加剧和老年人口的增多，居民消费水平会降低。模型（3）的回归结果显示居民消费水平与政府财政可持续性显著正相关，表明提高居民消费水平会对政府财政可持续性产生有利影响。这是因为作为拉动经济发展的三驾马车之一，居民消费水平的提高有利于推动经济增长，进而推动税基扩大和税收增长。因此，居民消费水平的提高有利于增强财政收入的可持续性，从而对提升政府财政可持续性产生有利影响。通过上述分析可知，以上两个回归系数均通过了显著性检验，表明居民消费水平在人口老龄化影响财政可持续性的过程中存在着显著的中介效应，即人口老龄化会通过降低居民消费水平来对政府财政可持续性产生不利影响，这与上述理论分析的结论一致。中介效应为 $\beta_1=(-0.537)\times0.162=-0.087$，中介比例 = 中介效应/总效应 = $(-0.087)/(-0.714)=12.18\%$。

表5-8中模型（4）的回归结果显示人口老龄化与居民消费结构显著正相关，表明随着人口老龄化程度的不断加深，居民消费支出中医疗保健消费支出占比将明显增加。这主要是由于身体机能的不断老化和发病率的逐渐提高，老年人对医疗保健和长期护理等产品和服务的需求要高于其他年龄组的消费者。因此，当老年人比例增加时，居民消费支出中的医疗保健消费支出将明显增加。模型（5）的回归结果显示居民消费结构与政府财政可持续性显著负相关，表明居民消费支出中医疗保健消费支出占比增加将不利于增强政府的财政可持续性。这可能是因为医疗保健行业存在较多的税收优惠，因此，居民消费支出中医疗保健消费支出的增加并不利于政府财政可持续性的增强。由于这两个回归系数都显著，说明居民消费结构在人口老龄化影响财政可持续性的过程中存在显著的中介效应，即人口老龄化会通过提高居民医疗保健消费支出的占比来对财政可持续性产生不利影响，这为上述理论分析提供经验证据。中介效应为 $\beta_1=0.393\times(-0.315)=-0.124$，中介比例 = 中介效应/总效应 = $(-0.124)/(-0.714)=$

17.37%，中介作用较大。

由此可见，在人口老龄化影响财政可持续性的过程中，居民消费是重要的中介因素。无论是居民消费水平的改变，还是居民消费结构的改变，都会在人口老龄化影响财政可持续性的过程中发挥重要作用。因此，在积极应对人口老龄化对财政可持续性的冲击时，不仅要调整人口发展战略，改善人口结构；还要保障老年人的收入及生活水平，提高老年人的消费能力，减轻人口老龄化通过居民消费对财政可持续性产生的不利影响，更好地促进财政可持续发展。

表 5-8　　基于居民消费的中介效应检验结果

变量	(1)	(2)	(3)	(4)	(5)
	sus	con	sus	heac	sus
age	-0.714** (0.335)	-0.537*** (0.112)	-0.627*** (0.109)	0.393*** (0.045)	-0.589*** (0.113)
con			0.162*** (0.043)		
heac					-0.315*** (0.046)
gdp	0.462*** (0.116)	0.272*** (0.101)	0.396*** (0.116)	-0.013 (0.015)	0.446*** (0.115)
fd	-0.182*** (0.023)	-0.245* (0.145)	-0.123 (0.165)	-0.056** (0.022)	-0.250 (0.168)
inv	0.170*** (0.034)	0.098*** (0.029)	0.147*** (0.034)	-0.014*** (0.004)	0.154*** (0.034)
eo	-0.279*** (0.053)	0.146*** (0.046)	-0.315*** (0.053)	0.002 (0.007)	-0.277*** (0.053)
cons	0.562*** (0.107)	0.958*** (0.093)	0.330** (0.130)	0.072*** (0.014)	0.650*** (0.113)
省份固定效应	是	是	是	是	是
年份固定效应	是	是	是	是	是
N	232	232	232	232	232

续表

变量	(1)	(2)	(3)	(4)	(5)
	sus	con	sus	heac	sus
R^2	0.290	0.399	0.322	0.501	0.309
Sobel 检验					
中介效应是否显著	是			是	
中介效应大小	-0.087			-0.124	
中介效应/总效应	12.18%			17.37%	

(三) 基于社会保险的中介效应检验

表5-9报告了社会保险中介效应的检验结果，模型（2）和模型（3）用于检验基本养老保险的中介效应，模型（4）和模型（5）用于检验基本医疗保险的中介效应。模型（2）的回归结果显示人口老龄化与基本养老保险基金的收支比显著负相关，表明随着人口老龄化程度的不断加深，基本养老保险基金收支比将逐渐减小，基本养老保险基金收支缺口将不断增大，这意味着人口老龄化会加剧基本养老保险基金的收支失衡。这主要是因为在人口老龄化社会，劳动年龄人口的相对减少和老年人口的相对增加，一方面会导致制度内缴纳基本养老保险费的人口在逐渐减少，从而改变基本养老保险参保人员结构，降低参保人员中缴费人员占比，减缓基本养老保险基金收入增长；另一方面会导致养老金的实际领取人口在不断增加，基本养老保险基金支出也会随之增加。同时，平均预期寿命的延长使得参保人员领取养老金的时间也相应延长，这也将导致基本养老保险基金支出的增加。由此可见，人口老龄化会加剧基本养老保险基金的收支失衡。模型（3）的回归结果显示基本养老保险基金收支比与财政可持续性显著正相关，表明基本养老保险基金收支比的增加，也就是基本养老保险基金收支缺口的缩小会对政府财政可持续性产生正向影响；反之，基本养老保险基金收支比的减少，也就是基本养老保险基金收支缺口的增大会对政府财政可持续性产生负向影响。由此可知，基本养

老保险基金失衡会对政府财政可持续性产生不利影响。这主要是因为财政对基本养老保险基金运行负有最后保付责任。通过上述分析可知，以上两个回归系数都通过了显著性检验，表明基本养老保险在人口老龄化影响财政可持续性过程中的中介效应显著，即人口老龄化会通过加剧基本养老保险基金失衡来对政府财政可持续性产生不利影响，这与上述理论分析的结论一致。中介效应为 $\beta_1=(-1.113)\times 0.103=-0.115$，中介比例 = 中介效应/总效应 = (-0.115)/(-0.714) = 16.11%，中介作用较大。

表 5-9 中模型（4）的回归结果显示人口老龄化与基本医疗保险基金收支比显著负相关，表明随着人口老龄化程度的不断加深，基本医疗保险基金收支比将逐渐减小，基本医疗保险基金收支缺口将不断增大，这意味着人口老龄化会加剧基本医疗保险基金的收支失衡。这主要是因为人口老龄化在改变基本医疗保险基金参保人员结构，降低基本医疗保险基金缴费人员占比，减缓基本医疗保险基金收入的增长的同时，也会增加居民对看病等医疗服务的需求，增加基本医疗保险使用频次，从而导致基本医疗保险基金支出的增加。因此，人口老龄化会加剧基本医疗保险基金失衡。模型（5）的回归结果显示基本医疗保险基金收支比与政府财政可持续性显著正相关，表明基本医疗保险基金收支比的增加，也就是基本医疗保险基金收支缺口的缩小会对政府财政可持续性产生显著的正向影响；反之，基本医疗保险基金收支比的减少，也就是基本医疗保险基金收支缺口的增大会对政府财政可持续性产生显著的负向影响。由此可知，基本医疗保险基金失衡会对政府财政可持续性产生不利影响。这也是因为财政对基本医疗保险基金运行负有最后保付责任。通过上述分析可知，以上两个回归系数都显著，则表明基本医疗保险在人口老龄化影响财政可持续性的过程中的中介效应显著，即人口老龄化会通过加剧基本医疗保险基金失衡来对政府财政可持续性产生不利影响，这与上述理论分析的结论一致。中介效应为 $\beta_1=(-1.425)\times 0.079=-0.113$，中介比例 = 中介

效应/总效应 = (-0.113)/(-0.714) = 15.83%，中介作用较大。

由此可见，基本养老保险和基本医疗保险是人口老龄化影响财政可持续性的重要中介因素。因此，政府在积极应对人口老龄化对财政可持续性的冲击时，要关注基本养老保险和基本医疗保险的中介作用，进一步完善基本养老保险和基本医疗保险体系，在明确政府主体责任的同时，积极调动社会力量来解决老龄化问题，健全社会保险体系，缓解人口老龄化通过基本养老保险和基本医疗保险对政府财政可持续性产生的不利影响。

表 5-9 基于社会保险的中介效应检验结果

变量	(1)	(2)	(3)	(4)	(5)
	sus	ins	sus	mins	sus
age	-0.714** (0.335)	-1.113*** (0.099)	-0.599*** (0.108)	-1.425*** (0.506)	-0.601* (0.341)
ins			0.103** (0.048)		
mins					0.079* (0.047)
gdp	0.462*** (0.116)	0.635*** (0.171)	0.397*** (0.119)	0.100 (0.175)	0.454*** (0.116)
eo	-0.279*** (0.053)	-0.046 (0.078)	-0.275*** (0.053)	-0.220*** (0.080)	-0.262*** (0.054)
inv	0.170*** (0.034)	0.139*** (0.049)	0.156*** (0.034)	0.048 (0.051)	0.167*** (0.033)
fd	-0.182*** (0.023)	-0.315 (0.245)	-0.150 (0.166)	-0.428* (0.252)	-0.148 (0.167)
cons	0.562*** (0.107)	1.625*** (0.157)	0.395*** (0.132)	1.617*** (0.162)	0.434*** (0.131)
省份固定效应	是	是	是	是	是
年份固定效应	是	是	是	是	是
N	232	232	232	232	232

续表

变量	(1)	(2)	(3)	(4)	(5)
	sus	ins	sus	mins	sus
R^2	0.290	0.385	0.306	0.068	0.300
Sobel 检验					
中介效应是否显著	是			是	
中介效应大小	-0.115			-0.113	
中介效应/总效应	16.11%			15.83%	

从表5-7至表5-9的中介效应检验结果来看，人口老龄化会通过降低劳动力供给、降低劳动生产率、降低居民消费水平、改变居民消费结构、加剧基本养老保险基金失衡和加剧基本医疗保险基金失衡等多种途径来对政府财政可持续性产生负向影响。其中，劳动生产率的中介效应最大，中介比例达到25.91%；基本养老保险、基本医疗保险、居民消费结构、居民消费水平的中介效应次之，中介比例分别为16.11%、15.83%、17.37%和12.18%；劳动力供给的中介效应最小，中介比例仅为2.38%。由此可见，在人口老龄化社会，政府提升财政可持续性需要一种综合策略，需要各种政策、手段协调配合才能达到最好的效果。

人口老龄化对财政
可持续性的影响研究
Chapter 6

第六章　人口老龄化对财政可持续性的门槛效应

本书在第五章已系统研究了人口老龄化对财政可持续性的影响及其作用机制，并得出了较为丰富的研究结论。然而，在第五章中本研究仅考虑了人口老龄化对财政可持续性的线性影响，但由于社会经济活动往往错综复杂，经济变量之间很可能存在非线性关系。那么，人口老龄化和财政可持续性之间是否存在非线性关系？人口老龄化对财政可持续性的影响是否会因人口老龄化程度的不同或是经济发展水平的不同而产生差异？这些问题有待进一步的研究。因此，本章从非线性角度出发，利用我国省级面板数据，构建面板门槛模型，研究人口老龄化对财政可持续性的非线性影响。

第一节　模型构建与数据说明

一、模型构建

面板门槛模型最早由汉森（Hansen，1999）提出。相比于传统模型，面板门槛模型具有两个明显的优势：一是面板门槛模型的门槛数量和门槛值由样本数据内生决定，而无须事先设定模型的非线性形式；另一方面，通过门槛效应的显著性检验可以对门槛效应的存在性进行检验，同时通过对门槛估计值的真实性检验可以得到模型参数的置信区间。因此，相对于传统模型来说，面板门槛模型可以更好地研究不同变量之间的非线性关系，在近年来得到了广泛的应用。面板门槛模型的基本形式如下[①]：

$$y_{it}=\begin{cases}\mu_i+\beta_1'x_{it}+\varepsilon_{it}, & q_{it}\leq\gamma,\\ \mu_i+\beta_2'x_{it}+\varepsilon_{it}, & q_{it}>\gamma,\end{cases}\quad i=1,2,\cdots,n,\tag{6-1}$$

① Hansen B. Threshold effects in non - dynamic panels: Estimation, testing, and inference [J]. Journal of Econometrics, 1999, 93 (2): 345 - 368.

其中，y_{it}是被解释变量，x_{it}是解释变量，q_{it}是门槛变量，γ 是待估计的门槛值，ε_{it}是服从独立同分布的随机扰动项。通过进一步简化，式（6－1）还可表示为：

$$y_{it} = \mu_i + \beta_1' x_{it} I(q_{it} \leqslant \gamma) + \beta_2' x_{it} I(q_{it} > \gamma) + \varepsilon_{it} \tag{6-2}$$

其中，$I(\bullet)$ 为示性函数，若括号中的表达式为真，其取值为 1，反之则为 0。进一步定义 $\beta = \begin{pmatrix} \beta_1' \\ \beta_2' \end{pmatrix}$，$x_{it}(\gamma) = \begin{pmatrix} x_{it} I(q_{it} \leqslant \gamma) \\ x_{it} I(q_{it} > \gamma) \end{pmatrix}$，则式（6－2）可简化为：

$$y_{it} = \mu_i + \beta' x_{it}(\gamma) + \varepsilon_{it} \tag{6-3}$$

对于面板门槛模型，需要使用两步法进行估计。对于任意给定的门槛值 γ，对式（6－3）进行参数估计，得到估计系数 $\hat{\beta}(\gamma)$ 和残差平方和 $S_1(\gamma)$。对于 $\gamma \in \{q_{it}: 1 \leqslant i \leqslant n, 1 \leqslant t \leqslant T\}$，使残差平方和 $S_1(\gamma)$ 最小的 $\hat{\gamma}$ 为门槛估计值，即 $\hat{\gamma}(\gamma) = \arg\min\limits_{\gamma} S_1(\gamma)$，进而可得估计系数 $\hat{\beta}(\hat{\gamma})$。此外，对于面板门槛模型，还需要进行门槛效应的显著性检验和门槛估计值的真实性检验。需要进行门槛效应的显著性检验，即检验门槛效应是否存在。其原假设为 $H_0: \beta_1 = \beta_2$，如果该原假设成立，则表明不存在门槛效应。对此，Hansen（1999）构造似然比统计量 $F_1(\gamma) = (S_0 - S_1(\hat{\gamma}))/\hat{\sigma}^2$ 进行检验①，采用自抽样法（Bootstrap）可得到临界值和 P 值，进而可判断是否存在门槛效应。如果拒绝“$H_0: \beta_1 = \beta_2$”，则认为存在门槛效应，可以进一步对门槛值的真实性进行检验，即检验“$H_0: \gamma = \gamma_0$”。对此，Hansen（1999）构造似然比检验统计量 $LR(\gamma) = (S_1(\gamma) - S_1(\hat{\gamma}))/\hat{\sigma}^2$ 进行检验，并计算 γ 的置信区间。以上只是对单门槛回归模型的分析，而在具体的实证分析中很可能出现多门槛模型，需要通过实证检验来确定门槛个数。

---

① 其中，S_0为在“$H_0: \beta_1 = \beta_2$”约束下所得到的残差平方和，$S_1(\hat{\gamma})$ 为无约束的残差平方和，$\hat{\sigma}^2 \equiv \dfrac{S_1(\hat{\gamma})}{n(T-1)}$为对扰动项方差的一致估计。

通过前文分析可知，我国不同地区之间人口老龄化程度和经济发展水平存在较大差异，这可能引起各个地区的人口老龄化对财政可持续性的影响会因人口老龄化程度的不同或是经济发展水平的不同而存在较大差异，即人口老龄化与财政可持续性之间可能存在非线性关系。为了避免人为划分区间带来的误差，本研究采用 Hansen（1999）提出的面板门槛模型验证这一问题。如前所述，面板门槛模型可以根据数据的自身特点内生地划分人口老龄化发展阶段和经济发展阶段，从而可以研究不同人口老龄化水平下和不同经济发展水平下人口老龄化与财政可持续性之间的关系。但由于无法事先确定门槛个数，本研究先基于双区制单一门槛回归模型构建人口老龄化与财政可持续性的非线性回归模型，之后再通过门槛效应的显著性检验来确定门槛个数。实证模型具体设定如下：

$$sus_{it} = \mu_i + \beta_1 age_{it} I(age_{it} \leqslant \gamma) + \beta_2 age_{it} I(age_{it} > \gamma) + \phi X_{it} + \varepsilon_{it} \tag{6-4}$$

$$sus_{it} = \mu_i + \beta_1 age_{it} I(gdp_{it} \leqslant \gamma) + \beta_2 age_{it} I(gdp_{it} > \gamma) + \phi X_{it} + \varepsilon_{it} \tag{6-5}$$

其中，sus 是被解释变量，表示财政可持续性，用第四章第三节财政可持续性的测算结果来衡量；age 是受门槛变量影响的核心解释变量，为人口老龄化水平，用 65 岁及以上老年人口占比来衡量，在稳健性检验中则以老年抚养比（odr）作为替代指标来进行稳健性分析；$I(\bullet)$ 为示性函数；模型（6－4）的门槛变量为人口老龄化水平 age；模型（6－5）的门槛变量为经济发展水平 gdp；γ 为待估计的门槛值；X 为控制变量，为了与第五章保持一致，本章的控制变量也包括经济发展水平（gdp）、固定资产投资（inv）、财政分权（fd）和对外开放度（eo）等变量；ε_{it}为随机扰动项。

二、数据说明

本章所选取的被解释变量、核心解释变量与控制变量与第五章完全一致，但与第五章不同的是，本章的研究目的在于研究人口老龄化与财政可持续性之间的非线性关系，即研究人口老龄化对财政可持续性的门槛效应，因此，本章包含门槛变量，并不包含中介变量。本章的门槛变量有两个：一是模型（6－4）的门槛变量人口老龄化水平age，用65岁及以上老年人口占比来衡量，在稳健性检验中则用老年抚养比odr作为替代指标来进行稳健性分析；二是模型（6－5）的门槛变量经济发展水平gdp，用GDP增长率来衡量。所有变量的来源与数据的描述性统计分析，与第五章完全一致。由于在第五章中已对各变量进行过描述性统计分析，本章不再重复。

第二节　实证结果与分析

一、人口老龄化影响财政可持续性的门槛效应分析

（一）以人口老龄化为门槛变量的分析

依据Hansen（1999）的研究，本书首先对模型（6－4）进行门槛效应的显著性检验，得到的*F*统计量和相应的*P*值如表6－1所示。根据检验结果可知，单一门槛效应非常显著，对应的*F*统计量为24.66，*P*值为0.008，在1%的显著性水平上拒绝了线性模型优于单门槛模型的原假设。而双重门槛效应检验和三重门槛效应检验对应的*P*值分别为0.11和0.102，均不显著。因此，以人口老龄化水平（age）为门槛变量的面板门槛模型应基于单一门槛模型进行分析。门槛估计值及相应的95%置信区间如表6－2所示，似然比函数图如图6－1所示。在图6－1中，门槛估计值为似然比检验统计量*LR*等于0时所对应的γ值，而门槛估计值的95%置信区间是由*LR*值小于5%显著性水平下的临界值时（图中虚线）所对应的γ值构成的区间。

表 6-1　门槛效应检验结果（以 age 为门槛变量）

模型	F 统计量	P 值	临界值		
			1%	5%	10%
单一门槛	24.66	0.008	22.635	17.443	14.829
双重门槛	16.85	0.110	35.086	21.867	17.137
三重门槛	38.14	0.102	138.999	79.627	39.166

注：P 值和临界值均为采用自抽样法（Bootstrap）反复抽取样本 500 次得到的结果。

表 6-2　门槛值估计结果（以 age 为门槛变量）

门槛值	估计值	95% 置信区间
门槛值 γ'	0.0724	[0.0718，0.0728]

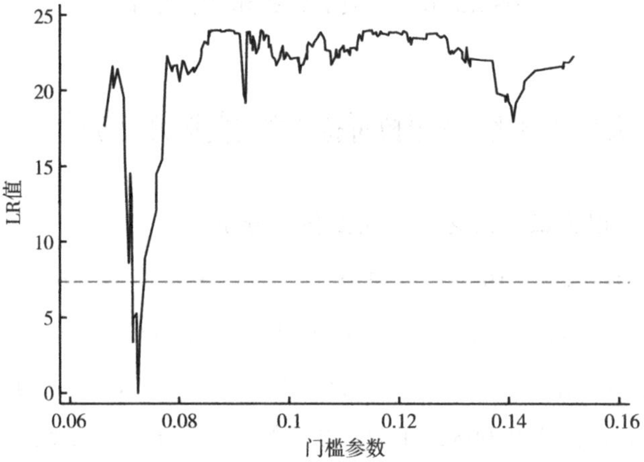

图 6-1　门槛的估计值和置信区间（以 age 为门槛变量）

以人口老龄化水平（age）为门槛变量的单一门槛回归模型的估计结果如表 6-3 所示，结果表明人口老龄化对财政可持续性的影响具有显著的非线性特征，即随着人口老龄化程度的不断加深，人口老龄化对财政可持续性的负向影响将逐渐增大：当人口老龄化水平较低，老年人口占比低于 0.0724 时，人口老龄化会对财政可持续性产生显著的负向影响，影响系数为 -0.515；当人口老龄化水平不断提高，老年人口占比高于0.0724时，人口老龄化对财政可持续性的影响仍显著为负，且影响更大，回归系数为-0.691。由此可见，人口老龄化对财政可持续性的影响会因人口老龄化程度的不同而有所差异，随着人口老龄化水平的不断提高，人口老龄化对财政可持续性的负向影响呈现递增规律。这主要是因为随着人口老龄化的加速发展，政府的养老负担将急剧增加，从而对政府的财政可持续性产生更为不利的影响。

表6-3　　门槛效应估计结果（以age为门槛变量）

变量	系数估计值	标准误	t 值	P 值
age(age≤0.0724)	-0.515***	0.105	-4.88	0.000
age(age>0.0724)	-0.691**	0.319	-2.16	0.032
gdp	0.493***	0.111	4.45	0.000
inv	0.154***	0.032	4.79	0.000
fd	-0.204	0.159	-1.28	0.201
eo	-0.318***	0.051	-6.20	0.000
cons	0.574***	0.102	5.62	0.000
样本量	232			
F 统计量	112.85			
R^2	0.361			

注：***、**和*分别表示在1%、5%和10%水平下显著。

（二）以经济发展水平为门槛变量的分析

接下来，以经济发展水平（gdp）作为门槛变量进行实证分析，首先对模型（6-5）进行门槛效应的显著性检验，得到的 F 统计量和对应的 P 值如表6-4所示。根据检验结果可知，单一门槛检验对应的P值为0.068，表明单一门槛效应在10%水平上显著；双重门槛检验对应的P值为0.066，表明双重门槛效应在10%水平上显著；三重门槛检验对应的P值为0.046，表明三重门槛效应在5%水平上显著。因此，以经济发展水平（gdp）为门槛变量的面板门槛模型应基于三重门槛模型进行分析。门槛估计值及相应的95%置信区间如表6-5所示，似然比函数图如图6-2、图6-3和图6-4所示。与上述分析类似，门槛估计值为似然比检验统计量 *LR* 等于0时所对应的 γ 值（图6-2中为0.0962，图6-3中为0.1478，图6-4中为0.1505），而门槛估计值的95%置信区间是由 *LR* 值小于5%显著性水平下的临界值时（图中虚线）所对应的 γ 值构成的区间。

表6-4　　门槛效应检验结果（以gdp为门槛变量）

门槛检验类型	F统计量	P值	临界值		
			1%	5%	10%
单一门槛	26.38	0.068	35.929	27.895	24.376
双重门槛	64	0.066	80.219	68.997	53.227
三重门槛	16.91	0.046	37.315	16.156	11.396

注：*P*值和临界值均为采用自抽样法（Bootstrap）反复抽取样本500次得到的结果。

表6-5　　门槛值估计结果（以gdp为门槛变量）

门槛值	估计值	95%置信区间
门槛值 γ_1'	0.0962	[0.0811，0.0964]
门槛值 γ_2'	0.1478	[0.1446，0.1491]
门槛值 γ_3'	0.1505	[0.1491，0.1506]

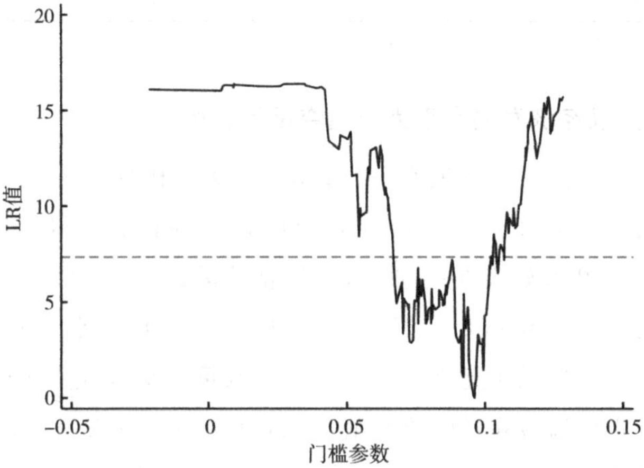

图6-2　第一个门槛的估计值和置信区间（以gdp为门槛变量）

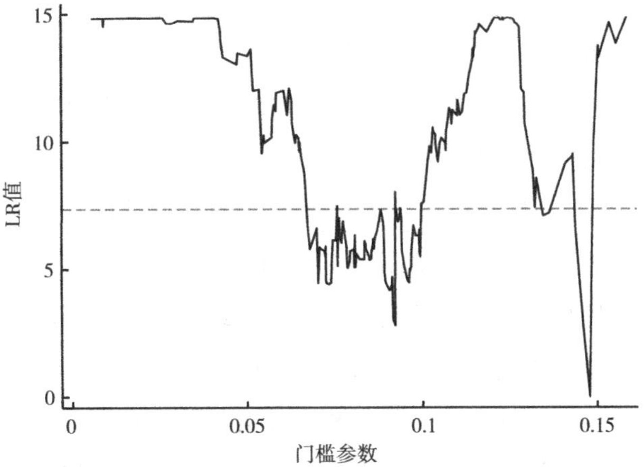

图 6－3　第二个门槛的估计值和置信区间（以 gdp 为门槛变量）

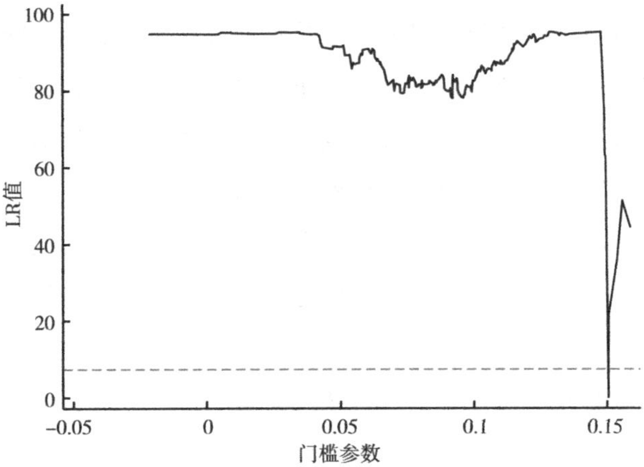

图 6－4　第三个门槛的估计值和置信区间（以 gdp 为门槛变量）

以经济发展水平（gdp）为门槛变量的三重门槛回归模型的估计结果如表 6－6 所示，结果表明人口老龄化对财政可持续性的影响存在明显的非线性特征，即随着经济发展水平的不断提高，人口老龄化对财政可持续性的负向影响将逐渐减小：当经济增长速度低于 9.62%，人口老龄化会对财政可持续性带来较大的负向影响，影响系

数为 -0.81；当经济增长速度高于9.62%且低于14.78%时，人口老龄化对财政可持续性的负向影响会减小，影响系数减小为 -0.564；当经济增长速度高于14.78%且低于15.05%时，人口老龄化对财政可持续性的负向影响会进一步减小，影响系数降低为 -0.539；当经济增长速度高于15.05%时，人口老龄化仍会对财政可持续性产生显著的负向影响，影响系数降低为 -0.514。由此可见，随着经济发展水平的不断提高，人口老龄化对财政可持续性的负向影响呈现递减规律。这可能是因为当经济发展水平较低时，居民收入水平也较低，加之社会保障体系不够完善，使得整个社会经济应对人口老龄化的能力较弱，因此，在该阶段内随着人口老龄化程度的不断加深，其对整个社会经济（包括政府）将产生较大的负向影响；当经济发展水平不断提高时，居民的收入水平也将随之提高，加之社会保障体系的不断完善，使得整个社会经济对人口老龄化的应对能力也在不断提高，那么，人口老龄化给政府带来的财政压力也将相应减小，这就形成随着经济发展水平的不断提高，人口老龄化对财政可持续性的负向影响将逐渐减小。因此，结合面板门槛模型的回归结果和我国目前的实际情况可知，在我国现阶段人口老龄化会对政府财政可持续性产生显著的负向影响，且影响系数较大。特别是近年来，我国经济持续下行，经济增长速度放缓，不断加深的人口老龄化将加剧政府的财政收支矛盾，从而威胁政府财政长期可持续发展。

表 6-6　　门槛效应估计结果（以 gdp 为门槛变量）

变量	系数估计值	标准误	t 值	P 值
age(gdp≤0.0962)	-0.810**	0.330	-2.45	0.015
age(0.0962 < gdp≤0.1478)	-0.564*	0.339	-1.66	0.098
age(0.1478 < gdp≤0.1505)	-0.539*	0.292	-1.85	0.069
age(gdp > 0.1505)	-0.514*	0.267	-1.93	0.058
inv	0.169***	0.033	5.12	0.000

续表

变量	系数估计值	标准误	t 值	P 值
fd	-0.158	0.164	-0.97	0.335
eo	-0.275***	0.052	-5.27	0.000
cons	0.590***	0.105	5.65	0.000
样本量	232			
F 统计量	110.78			
R^2	0.325			

注：***、** 和 * 分别表示在 1%、5% 和 10% 水平下显著。

二、稳健性检验

本部分检验门槛效应估计结果的稳定性，由于被解释变量财政可持续性（sus）难以找到较为合适的替代指标，因此本研究将衡量人口老龄化的指标由 65 岁及以上老年人口占比（age）替换为老年抚养比（odr）进行稳健性检验。

（一）以人口老龄化为门槛变量的分析

表 6-7 列示了替换人口老龄化衡量指标后，以老年抚养比（odr）为门槛变量时的门槛效应检验结果。根据表 6-7 所示的检验结果可知，单一门槛效应显著，对应的 *F* 统计量为 15.07，*P* 值为 0.056，在 10% 的显著性水平上拒绝了线性模型优于单门槛模型的原假设。而双重门槛效应检验和三重门槛效应检验对应的 *P* 值分别为 0.464 和 0.522，均不显著。因此，以人口老龄化水平（odr）为门槛变量的面板门槛模型应设定为单一门槛模型，这与表 6-1 的检验结果一致，表明前文所得的检验结果是稳健的。门槛估计值及相应的 95% 置信区间如表 6-8 所示，似然比函数图如图 6-5 所示。

表 6－7 替换变量后的门槛效应检验结果（以 odr 为门槛变量）

门槛检验类型	F统计量	P值	临界值		
			1%	5%	10%
单一门槛	15.07	0.056	21.596	15.716	13.397
双重门槛	7.39	0.464	25.465	17.478	14.065
三重门槛	5.99	0.522	43.667	21.340	14.634

注：P值和临界值均为采用自抽样法（Bootstrap）反复抽取样本500次得到的结果。

表 6－8 替换变量后的门槛值估计结果（以 odr 为门槛变量）

门槛值	估计值	95%置信区间
门槛值 γ'	0.1006	[0.0989，0.1014]

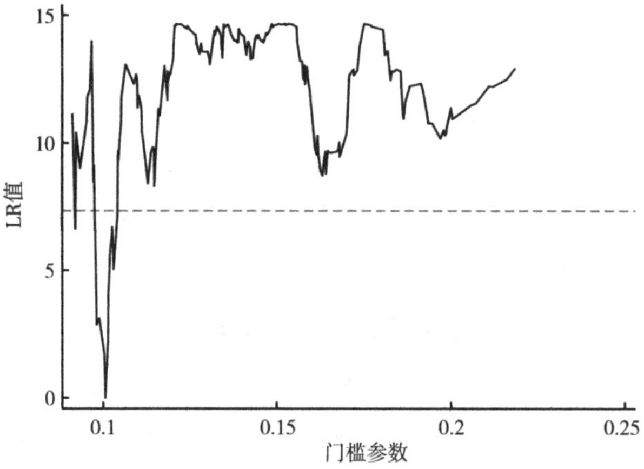

图 6－5 门槛的估计值和置信区间（以 odr 为门槛变量）

表6－9列示了替换人口老龄化衡量指标后，以老年抚养比（odr）为门槛变量时的门槛效应估计结果，结果表明人口老龄化对财政可持续性的影响会因人口老龄化程度的不同而不同，存在明显的非线性特征：当人口老龄化水平较低，老年抚养比低于0.1006时，人口老龄化会对财政可持续性产生显著的负向影响，影响系数为－0.267；当人口老龄化水平不断提高，老年抚养比超过0.1006时，人口老龄化对财政可持续性的影响仍显著为负，且影响更大，回归系数为－0.369。

由此可见，人口老龄化对财政可持续性的影响具有显著的非线性特征，即随着人口老龄化程度的不断加深，人口老龄化对财政可持续性的负向影响将逐渐增大，这与表 6-3 中所示的门槛效应估计结果一致，表明前文所得的实证结果是稳健的。

表 6-9　替换变量后的门槛效应估计结果（以 odr 为门槛变量）

变量	系数估计值	标准误	*t* 值	*P* 值
odr(odr≤0.1006)	-0.267***	0.040	-6.59	0.000
odr(odr>0.1006)	-0.369*	0.203	-1.82	0.070
gdp	0.459***	0.113	4.06	0.000
inv	0.144***	0.034	4.28	0.000
fd	-0.185	0.161	-1.15	0.252
eo	-0.296***	0.052	-5.74	0.000
cons	0.545***	0.100	5.45	0.000
样本量	232			
F 统计量	110.31			
R^2	0.331			

注：***、** 和 * 分别表示在 1%、5% 和 10% 水平下显著。

（二）以经济发展水平为门槛变量的分析

表 6-10 列示了在替换人口老龄化衡量指标后，以经济发展水平（gdp）为门槛变量时的门槛效应检验结果。根据表 6-10 所示的检验结果可知，单一门槛检验对应的 P 值为 0.038，表明单一门槛效应在 5% 水平上显著；双重门槛检验和三重门槛检验对应的 P 值分别为 0.09 和 0.064，表明双重门槛效应和三重门槛效应均在 10% 水平上显著。因此，以经济发展水平（gdp）为门槛变量的面板门槛模型应设定为三重门槛模型，这与表 6-4 的检验结果一致，表明前文所得的检验结果是稳健的。门槛估计值及相应的 95% 置信区间如表 6-11 所示，似然比函数图如图 6-6、图 6-7 和图 6-8 所示。由此可知，

在替换人口老龄化衡量指标后，经济发展水平（gdp）的三个门槛值仍分别为0.0962、0.1478和0.1505（图6－6中为0.0962，图6－7中为0.1478，图6－8中为0.1505），这与表6－5和图6－2、图6－3、图6－4所示的结果完全一致，表明前文的实证结果是稳健的。

表6－10　替换变量后的门槛效应检验结果（以gdp为门槛变量）

模型	F统计量	P值	临界值		
			1%	5%	10%
单一门槛	28.75	0.038	31.825	27.338	24.765
双重门槛	60.76	0.090	116.112	76.404	55.122
三重门槛	16.37	0.064	36.860	18.551	12.173

注：P值和临界值均为采用自抽样法（Bootstrap）反复抽取样本500次得到的结果。

表6－11　替换变量后的门槛值估计结果（以gdp为门槛变量）

门槛值	估计值	95%置信区间
门槛值 γ_1'	0.0962	[0.0811，0.0964]
门槛值 γ_2'	0.1478	[0.1446，0.1491]
门槛值 γ_3'	0.1505	[0.1491，0.1506]

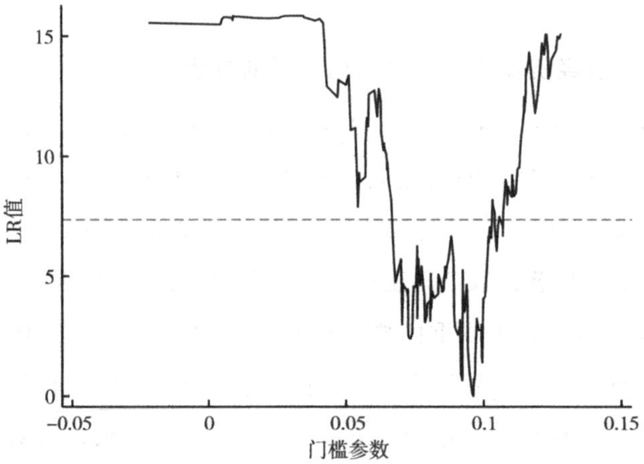

图6－6　第一个门槛估计值和置信区间（以gdp为门槛变量）

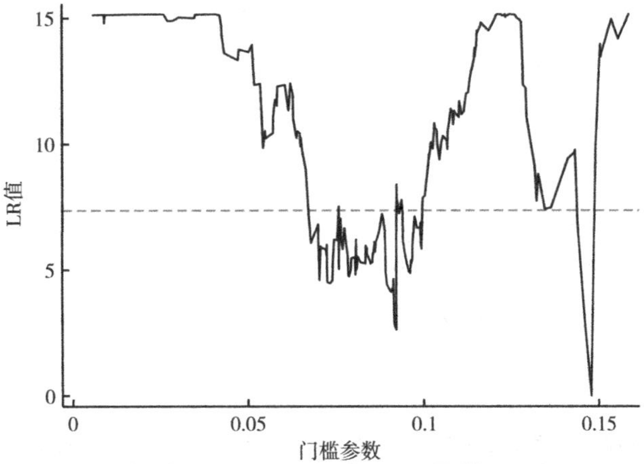

图 6－7　第二个门槛的估计值和置信区间（以 gdp 为门槛变量）

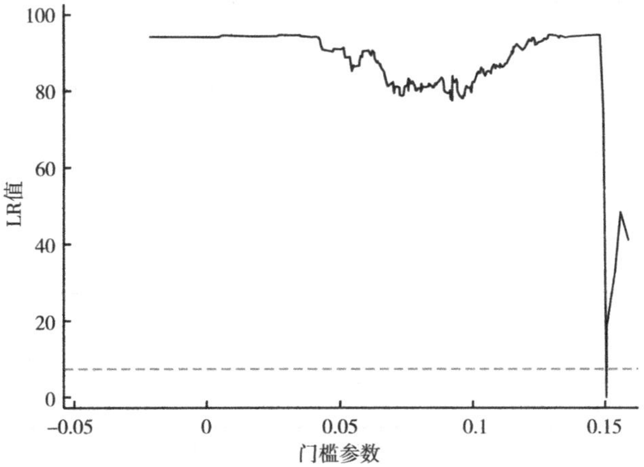

图 6－8　第三个门槛的估计值和置信区间（以 gdp 为门槛变量）

表 6－12 列示了在替换人口老龄化衡量指标后，以经济发展水平（gdp）为门槛变量时的门槛效应估计结果。结果显示无论是在经济发展水平的哪个阶段，人口老龄化均会对财政可持续性产生显著的负向影响，并且这种负向影响会随着经济发展水平的不断提高而逐渐减弱，呈现出明显的非线性特征。当经济增长速度低于 9.62%，人口老龄化会对财政可持续性带来较大的负向影响，影响系数为－0.443；

当经济增长速度高于9.62%且低于14.78%时，人口老龄化对财政可持续性的负向影响会减小，影响系数减少为-0.33；当经济增长速度高于14.78%且低于15.05%时，人口老龄化对财政可持续性的负向影响会进一步减小，影响系数降低为-0.245；当经济增长速度高于15.05%时，人口老龄化仍会对财政可持续性产生显著的负向影响，影响系数仅为0.221。与表6-6相比，虽然影响系数的大小略有不同，但总体来看影响的变化趋势是相同的，表明前文的研究结果是稳健的。

表6-12　替换变量后的门槛效应估计结果（以gdp为门槛变量）

变量	系数估计值	标准误	t值	P值
odr（gdp≤0.0962）	-0.443**	0.206	-2.15	0.033
odr（0.0962<gdp≤0.1478）	-0.330**	0.156	-2.12	0.038
odr（0.1478<gdp≤0.1505）	-0.245*	0.145	-1.69	0.093
odr（gdp>0.1505）	-0.221*	0.111	-1.99	0.052
inv	0.172***	0.033	5.19	0.000
fd	-0.135	0.164	-0.83	0.410
eo	-0.263***	0.052	-5.09	0.000
cons	0.554***	0.101	5.51	0.000
样本量	232			
*F*统计量	110.36			
R^2	0.319			

注：***、**和*分别表示在1%、5%和10%水平下显著。

综上所述，在替换人口老龄化衡量指标之后，无论是以人口老龄化水平为门槛变量，还是以经济发展水平为门槛变量，其检验结果和估计结果均与前文的研究结果保持一致，表明前文的研究结论是稳健的。

人口老龄化对财政可持续性的影响研究
Chapter 7

第七章　人口老龄化背景下提升财政可持续性的政策建议

第一节　调整人口政策，减缓人口老龄化

在人口老龄化背景下提升政府财政可持续性，首先要从调整人口政策、优化人口结构开始，这样才能从根本上解决人口老龄化问题，减轻人口老龄化对政府财政可持续性的负面影响。如前文所述，人口老龄化实质上是一个由生育率降低、死亡率降低和预期寿命延长等因素所引起的人口年龄结构改变问题。因此，解决人口老龄化问题实质上就是要解决人口年龄结构问题，需要以改善人口年龄结构作为最根本目标。在人口学中，通常使用人口金字塔来反映一个国家或地区的人口年龄结构变化趋势。根据第三章关于我国人口老龄化现状的分析可知，自实行计划生育政策以来，我国的人口发展趋势发生了较大变化，各年龄段的人口占比开始发生改变，从而使得我国人口金字塔底部开始收缩，中部和顶部开始膨胀，人口年龄结构开始出现老化。目前，我国的人口年龄结构呈现出老年型的人口结构。未来，我国老年人口占比将继续增加，少儿人口占比和劳动人口占比将继续减少，这将导致我国人口金字塔的形状继续发生改变，人口金字塔底部继续变窄，而顶部继续变宽，从而使得我国未来的人口年龄结构呈现出“上宽下窄”的倒金字塔形，出现极端老龄化的情况。因此，针对人口老龄化的发展趋势，我国应综合运用人口和生育政策将老龄化控制在合理的、可接受的范围内，防止人口年龄结构过度老龄化，并以形成合理的年龄结构作为未来人口政策应追寻的最根本目标，避免出现人口年龄结构的极端情况。

通过前文分析可知，生育率降低是造成我国当前和未来人口老龄化形势的重要因素。因此，为了减缓人口老龄化进程，优化人口年龄结构，我国应从自身的实际情况出发，全面放开生育政策，鼓励生育。自党的十八大以来，党中央高度重视人口老龄化问题，做出了逐

步调整生育政策、促进人口长期均衡发展等重大决策，这在一定程度上促进了二孩生育率的提升和少儿人口数量的回升。2013 年，我国出生人口中二孩占比仅为 31.1%①。之后，随着我国生育政策的不断调整，我国出生人口中二孩及以上孩次占比出现了明显的上升。2021 年，我国出生人口中二孩占比达到了 41.4%，相比于 2013 年提升了 10 个百分点；并且，出生人口中三孩及以上孩次占比也出现了明显的提升，达到了 14.5%，两者相加达到了 55.9%，占比较大②。与此同时，我国少儿人口数量及其占比也出现了小幅度增加。2021 年，我国少儿人口数量达到了 24721 万人，占总人口的比重为 17.5%，相比于 2013 年少儿人口数量增加了 2298 万人，比重上升了 1.1 个百分点，人口发展形势出现了一些积极变化。但如果从人口出生率和总和生育率的角度来看，我国仍需继续放开生育政策。2021 年，我国新出生人口仅为 1062 万人，人口出生率仅为 7.52‰，新出生人口和出生率都达到了新中国成立以来的历史最低水平③。2021 年我国育龄妇女总和生育率为 1.15，远低于人口自然替代率水平④。造成这一现象的主要原因是受生育成本、生育观念、医疗保障水平等社会经济因素以及新冠肺炎疫情等特殊因素的影响，我国育龄妇女的生育意愿较低，大概在 1.8 左右，社会实际存放的生育潜力尚未充分发挥出来⑤。由此可见，单纯地通过放开生育政策并不能达到预期理想的生育率水平，进而也不能优化人口年龄结构和减缓人口老龄化进程。因此，为了落实生育政策，提高生育率水平，我国还应积极完善相关配套措施，包括完善生育保险待遇、优化生育休假制度、大力发展普惠托育服务、加强婚姻观、家庭观的教育和宣传等。

---

① 数据来源：任泽平，熊柴，周哲．中国生育报告 2019［J］．发展研究，2019（6）：20－40.

② 数据来源：《2021 年我国卫生健康事业发展统计公报》。

③⑤ 数据来源：国家统计局。

④ 数据来源：根据国家统计局公布的相关数据计算而得。

第二节 扩大劳动供给，缓解负面影响

一、提高劳动参与率，扩大劳动供给

通过前文分析可知，人口老龄化会通过降低劳动力供给水平来对政府财政可持续性产生不利影响。因此，为了缓解人口老龄化对财政可持续性的负面影响，我国政府应积极采取措施，解决人口老龄化所带来的劳动力供给减少问题。联合国的最新预测数据显示，未来我国的劳动年龄人口将持续快速下降，预计到21世纪末我国的劳动年龄人口占比将下降为54.37%，相比2021年下降14个百分点。所以说，劳动力供给不足不仅是当前我国面临的重要难题，也是未来我国长期需要面临的难题。因此，政府不仅要致力于解决现阶段的劳动力供给不足问题，还要重视未来社会的劳动力供给不足问题。针对未来社会中的劳动力供给不足问题，上文提到的鼓励生育政策是十分有效的解决办法。这是因为积极落实鼓励生育政策可以提高我国育龄妇女总和生育率，进而可以增加少儿人口数量，也就是提高未来劳动力的供给数量，从而为解决未来社会中的劳动力供给不足问题提供基础。针对现阶段的劳动力供给不足问题，延迟退休是最直接、最现实、最有效的解决办法。这是因为延迟退休可以直接提高老年人的劳动参与率，增加劳动供给，扩大劳动力供给规模；同时，延迟退休还可以提高劳动力资源的配置效率，减少人力资源的闲置与浪费。在某些行业，相对于年轻人来说，老年人的工作技能更为熟练，工作经验也更为丰富，是宝贵的人力资源。那么，延迟退休可以充分利用和开发这部分人力资源，从而弥补人口老龄化社会中的人力资源短缺。因此，在现阶段，针对我国的具体国情，延迟退休是解决我国人口老龄化问题的必然选择。但需要注意的是，延迟退休不仅是一个关乎劳动供给和社

会产出的经济问题，同时也是一个关系社会发展和社会稳定的政治问题。因此，结合我国人口发展和经济发展的实际情况，综合考虑劳动供给水平、劳动者异质性、公众的接受度等因素，我国宜采取小步渐进、逐步提高的策略。在具体的政策实施过程中，还应充分考虑不同劳动者在性别、职业、所处行业和地区等方面的不同，细化延迟退休政策，制订灵活的实施方案。同时，为了促进延迟退休政策地有序推进，实现延迟退休制度的平稳过渡，我国可以在实施延迟退休政策的初期实行弹性退休制度，给予退休者必要的选择空间，随后再逐步提高退休年龄。此外，政府还应增加相应的利益补偿和激励机制，协调好养老金待遇和退休时间的相互关系，增加劳动者延迟退休的积极主动性；同时，政府也应加大政策的宣传力度，提高社会公众的接受度，避免出现因公众不满而引起的社会波动。

然而，延迟退休只能提高老年人的劳动参与率，无法提高其他社会人群，尤其是失业人群的劳动参与率。因此，为了提高社会整体的劳动参与率，扩大劳动供给，政府应积极完善促进就业的相关政策和机制，加强公共就业服务，完善相关配套措施，减少阻碍就业的不利因素，促进失业者就业。例如，对于低技能失业人群来说，参加职业技能培训有助于提高其技能，从而提高其劳动参与率；对于女性失业人群来说，完善的托儿服务和老年服务体系可能有助于提高其劳动参与率。此外，完善的劳动力市场、健全的劳动监管制度、灵活的工作时间和工作场所也有助于提高社会整体的劳动参与率。

二、加大人力资本投资，提高劳动生产率

人口老龄化通过劳动供给路径对财政可持续性产生的影响不仅体现在降低劳动力供给方面，还体现在降低社会劳动生产率方面。劳动生产率也是人口老龄化影响财政可持续性的重要中介因素，第五章的中介效应检验结果也验证了这一中介作用的存在。因此，为了减轻人

口老龄化通过降低劳动生产率对政府财政可持续性产生的不利影响，我国应积极采取措施，解决人口老龄化所带来的劳动生产率下降问题。人力资本是影响社会劳动生产率的最重要因素，在人口老龄化社会，政府可以通过加大对人力资本投资来缓解人口老龄化对社会劳动生产率的负面影响。具体来说，政府应加大对教育和技能培训的投资力度，建立健全基础教育、职业教育、技能培训和终身教育等体系规范，加强人力资源的开发与管理，通过提高劳动者的受教育水平和技术水平来提高社会劳动生产率。同时，政府也应加大对全民健康的投入力度，积极引导和激励企业加强对职工的健康检测和疾病的预防，确保劳动者的身体健康，为提高人力资本质量和劳动生产效率提供保证。

第三节　提高居民消费，发挥积极效应

一、激发居民消费潜力，提高居民消费水平

作为拉动经济发展的三驾马车之一，居民消费水平的提高有利于推动经济增长，进而推动税基扩大和税收增长。因此，居民消费水平的提高有利于增强财政收入的可持续性，从而对提升政府财政可持续性产生有利影响。然而，随着人口老龄化社会的到来，居民消费水平会不断下降，这会抑制居民消费对增强政府财政可持续性的积极效应。所以说，居民消费是人口老龄化影响政府财政可持续性的重要中介因素，人口老龄化会通过降低居民消费水平来对政府财政可持续性产生负向影响。第五章的中介效应检验结果也验证了这一中介作用的存在，且中介作用较大。因此，为了减轻人口老龄化对政府财政可持续性的不利影响，我国应着力提高居民消费水平，充分发挥居民消费对增强政府财政可持续性的积极效应。

人口老龄化对居民消费的抑制作用主要源于老年人的收入水平较低，消费能力较弱。因此，提高老年人的收入水平和消费能力是人口老龄化社会提高居民消费水平的有效途径。在我国，老年人的收入主要来源于基本养老金收入（李实等，2020）[①]，这将直接决定老年人的消费能力。在人口老龄化社会，完善社会保障机制和提高社会保障水平对于提高老年人的消费意愿和消费水平具有重要意义。目前，我国的社会保障体系已基本形成，但仍存在发展不均衡、覆盖不全面、收支不匹配等问题，这将极大地影响老年人的收入水平和消费能力，从而使得我国老年人口的消费水平难以提升。因此，在人口老龄化背景下，为了提高老年人口的收入水平和消费能力，政府应继续深化社会保障制度改革，完善包括养老保险和医疗保险等在内的社会保障体系。与此同时，政府也应鼓励和帮助老年人再就业，这不仅可以增加老年人的收入，提高老年人的消费水平，还可以缓解人口老龄化带来的劳动力供给不足问题。

除了提高老年人的收入水平外，大力发展老年产业、增加老年产品和服务的供给也是提高老年人消费水平的重要举措，这是因为老年产业的发展有助于刺激老年群体的消费需求，进而有助于提高老年群体的消费意愿和激发老年群体的消费潜力。虽然目前我国是世界上老年人口规模最大的国家，但由于我国的老龄化发展速度较快，历时较短，与之相应的老年产业还未发展成熟，老年产品和服务供给不足，未能满足老年群体日益增长的消费需求，这在很大程度上将影响老年群体消费潜力的挖掘和消费水平的提高。首先，为了刺激老年群体的消费需求，提高老年群体的消费意愿和消费水平，我国应优先发展老年产业，针对不同收入水平、不同年龄段和不同地区的老年人提供多样化的老年产品和服务，以满足不同层次老年人口的服务需求。其次，我国应加强老年服务业人才的培养和关联产业的配套建设，促进

① 李实，吴凡，徐晓静．中国城镇居民养老金收入差距的变化［J］．劳动经济研究，2020，42（05）：3－21．

形成完整的老年产业链。最后，政府应在融资、审批等政策方面给予必要的支持和倾斜，营造有利于老年产业发展的良好氛围，鼓励社会力量参与老年产业的发展。此外，由于我国老年人普遍存在预防性储蓄动机和对后代的遗赠动机，老年人的平均消费倾向较低，因此，消除老年人的消费顾虑，改变老年人的传统观念也有助于提高我国老年人的平均消费倾向和消费水平。总的来说，无论是提高老年人的收入水平，还是发展老年产业，或是改变老年人的消费观念，都会在一定程度上提高老年人的消费意愿和消费水平，这样既可以缓解人口老龄化的负面影响，也可以促进政府财政的可持续发展。

二、改善居民消费结构，促进居民消费升级

在人口老龄化社会，随着老年人口的增多，居民用于医疗保健的消费支出会增加，居民的消费结构会发生改变。但由于医疗保健行业存在较多的税收优惠，税率较低，居民消费支出中医疗保健消费支出的增加并不利于政府财政收入的组织和财政的可持续发展。所以说，人口老龄化会通过提高医疗保健消费支出占比、改变居民消费结构来对政府财政可持续性产生不利影响。第五章的中介效应检验结果也表明居民消费结构是人口老龄化影响政府财政可持续性的重要中介因素，且中介作用较大。因此，为了缓解人口老龄化通过改变居民消费结构来对政府财政可持续性产生的不利影响，政府应积极采取措施，改善居民消费结构，促进居民消费升级。在人口老龄化社会，居民消费结构的改变主要源于老年人口的增多。政府应把改善老年人的消费结构，提升老年人的消费质量作为改善居民消费结构的主要着力点。一方面，应着力提高老年人的收入水平，通过完善养老金体系和鼓励老年人再就业，增加老年人的收入，为优化老年人的消费结构提供物质基础；另一方面，应引导老年人转变消费观念和消费习惯，为改善老年人的消费结构营造良好的氛围。总的来说，在人口老龄化社会，

政府应积极引导和鼓励老年人增加发展型消费和享受型消费等方面的支出，促进老年人的消费升级，这样既可以提高老年人的消费品质和生活质量，也可以促进政府的财政收入增加和财政的可持续。

第四节 完善社保体系，减轻财政负担

社会保险基金失衡及其财政化是人口老龄化影响政府财政可持续性的重要路径。第五章的中介效应检验结果也验证了这一传导路径的存在，即人口老龄化会通过加剧基本养老保险基金失衡和基本医疗保险基金失衡来对政府财政可持续性产生不利影响。因此，我国应进一步完善社会保险体系，促进社会保险基金平衡，在满足居民基本需求的同时，减轻政府财政负担。

一、完善养老保险体系，减轻政府支出责任

完善养老保险体系是人口老龄化背景下减轻政府财政负担、防范财政风险的现实要求。因此，我国应加快推行基本养老保险制度改革，科学合理设置基本养老保险制度的相关参数，增强基本养老保险基金的自我调节和平衡能力，从而促进基本养老保险体系的可持续发展。首先，我国应提高基本养老保险的最低缴费年限。目前我国规定最低缴费年限为 15 年，远低于 OECD 国家的平均水平[①]。在这种情况下，很有可能出现参保人在缴够 15 年后不再继续缴费的问题，从而不利于养老资产的积累。因此，我国可以结合人口平均预期寿命的变化情况，将最低缴费年限延长 5～10 年。其次，我国应完善基本养老保险待遇的调整机制。综合考虑通货膨胀、工资增长、经济增长等

① 贾丽萍．OECD 国家养老保险可持续发展的改革经验及启示［J］．经济纵横，2020（6）：61－70．

因素，逐渐实现基本养老保险待遇调整机制的规范化和科学化。最后，我国应适当延迟退休年龄，延迟参保人领取养老金的时间。这在减少基本养老保险基金支出的同时，也可以增加基本养老保险基金收入，进而有利于维持基本养老保险基金的收支平衡。

此外，提高基本养老保险基金的统筹层次，加强基本养老保险基金的运行管理和建立多层次的养老保险体系也是实现我国养老保险制度健康、可持续发展的重要保障。首先，我国应提高基本养老保险基金的统筹层次，推动实现全国统筹。这不仅可以增强基本养老保险基金的整体抗风险能力，有助于缓解部分地区养老保险基金不可持续的问题；同时也可以增加基本养老保险基金投资的规模效应，有助于提高基金的投资收益率。其次，我国应加强对基本养老保险基金运行管理，加强风险防控。一方面，应结合先进的信息技术，加强对基本养老保险基金收支的全面动态监测，提高基本养老保险基金的精算管理水平，防范出现收支失衡风险；另一方面，应完善基本养老保险基金投资机制，在实现基本养老保险基金增值保值的同时，加强对基本养老保险基金投资的风险防控。最后，我国应建立多渠道、多层次的养老保险体系。在不断完善基本养老保险制度的同时，大力支持第二支柱和第三支柱养老保险制度的发展，在满足居民多样化需求的同时，也可以减轻政府的财政支出压力。

二、完善医疗保险体系，缓解政府支出压力

除了完善养老保险体系之外，完善医疗保险体系也是我国解决人口老龄化问题、减轻政府财政负担的重要途径。具体而言，我国可以从完善医保基金的筹资机制、提高医保基金的使用效率、提高医保基金的统筹层次、完善医保基金的投资机制和加强医保基金的运行管理五个方面入手。第一，我国应完善医保基金的筹资机制。目前仍有部分企业是以参保人的基本工资作为职工医保的缴费基数，这明显与社

会经济发展水平和个人收入水平不匹配[①]。因此，我国应尽快落实以参保人的实际工资作为职工医保的缴费基数，实现参保人个人缴费与自身实际收入水平的协同增长，增加医保基金收入的稳定性和可持续性。与此同时，我国还应优化医保基金的筹资结构，完善医保筹资分担和调整机制，均衡各方筹资缴费责任。面对日益严重的人口老龄化形势和财政可持续性状况，我国可适度提高参保人个人的缴费比例，在确保医保基金可持续的同时，减少政府的财政支出责任。此外，延迟退休年龄和改变现有的退休人员不缴费政策也有助于增加基本医疗保险基金收入。第二，我国应着力提高医保基金的使用效率。我国应不断深化医保支付方式改革，弱化各利益方的经济联系，控制医疗费用的不合理上涨，减少医保基金支出的浪费。同时，我国应加快落实个人账户改革和门诊共济改革，这不仅可以增强医保统筹基金的偿付能力，提高医保基金的使用效率，还可以增强医保基金的可持续性，延缓统筹基金出现赤字的时点[②]。第三，我国应提高医保基金的统筹层次。目前我国基本医保基金的统筹层次较低，这不仅会导致异地就医困难，增加医疗保险基金的管理成本、降低医保基金的使用效率，也会减弱医保基金的整体抗风险能力，使得医保基金的可持续性较低，且发展不均衡。因此，我国应不断提高医保基金的统筹层次，在具体的实施过程中，可根据各地区经济发展水平、人口老龄化程度、医保基金收支平衡状况和财政可持续状况的不同，因地制宜地选择适当的推行方式和统筹模式。第四，我国应完善医保基金的投资机制。在满足安全性和流动性的前提下，优化医保基金的投资结构，拓宽投资渠道，扩大投资范围，实现投资策略的多元化，提高医保基金投资收益水平。此外，聘用专业投资人才，提高投资的专业化程度，也有

① 戈艳霞，王添翼．人口老龄化背景下医保基金可持续发展的风险分析［J］．中国医疗保险，2021（2）：20－25．

② 曾益，李姝，张冉等．门诊共济改革，渐进式延迟退休年龄与职工医保基金可持续性——基于多种方案的模拟分析［J］．保险研究，2021（04）：91－105．

助于进一步提高医保基金的投资回报率。第五，我国应加强医保基金运行管理，注重风险防控。一方面，要充分考虑医保基金收支的影响因素，建立常态化的监测和预测分析机制；另一方面，要建立健全医疗保险基金运行风险评估和预警机制，确保医疗保险基金的可持续发展。

参考文献

［1］陈宝东，邓晓兰．中国地方债务扩张对地方财政可持续性的影响分析［J］．经济学家，2018（10）：47－55．

［2］陈建奇．后危机时代美国财政可持续性研究［J］．世界经济研究，2011（3）：75－80．

［3］陈建奇，刘雪燕．中国财政可持续性研究：理论与实证［J］．经济研究参考，2012（2）：34－51．

［4］陈丽，邓微达，王智烜．财政可持续性与地方政府教育努力程度［J］．经济理论与经济管理．2022，42（02）：54－66．

［5］陈强．高级计量经济学及Stata应用［M］．北京：高等教育出版社，2014．

［6］陈小亮，谭涵予，刘哲希．老龄化对地方政府债务的影响研究［J］．财经研究，2020（06）：20－34．

［7］陈彦斌．人口老龄化对中国宏观经济的影响［M］．北京：科学出版社，2014．

［8］陈治．财政可持续视野下预算控制机制的失效与应对［J］．法商研究，2017（03）：38－47．

［9］崔佳，刘理．老龄化背景下城镇职工医疗保险基金收支变化趋势及对策研究——以吉林省为例［J］．社会保障研究，2013（06）：56－62．

［10］代金辉，马树才．人口老龄化对居民消费行为影响效应的实证检验［J］．统计与决策，2017（21）：82－86．

[11] 邓达，潘光曦，林晓乐．我国数字经济发展对地方财政可持续性的影响［J］．当代财经，2021（09）：38－52.

[12] 邓力平，陈丽．论减税降费中的财政政策有效性和可持续性［J］．税务研究，2021（7）：30－38.

[13] 邓晓兰．财政货币政策协调配合中公共债务货币化问题研究［M］．北京：经济科学出版社，2016.

[14] 邓晓兰，武永义，张旭涛．保持财政可持续性促进经济增长的国际经验借鉴［J］．财政研究，2012（02）：76－80.

[15] 邓晓兰，黄显林，张旭涛．公共债务、财政可持续性与经济增长［J］．财贸研究，2013（04）：89－96.

[16] 邓晓兰，黄显林．公共债务货币化与财政可持续性的互动影响关系研究——基于财政与货币政策协调配合的视角［J］．经济科学，2014（02）：7－20.

[17] 邓晓兰，黄显林，张旭涛．公共债务可持续性研究理论与方法评述［J］．重庆大学学报（社会科学版），2014，20（02）：31－38.

[18] 邓晓兰，陈宝东．经济新常态下财政可持续发展问题与对策——兼论财政供给侧改革的政策着力点［J］．中央财经大学学报，2017（01）：5－12.

[19] 邓晓兰，许晏君．新常态下财政运行态势及其可持续性分析［J］．财政监督，2018（16）：5－10.

[20] 邓晓兰，许晏君，刘若鸿．结构性减税与地方财政可持续性——基于“营改增”的实证研究［J］．中央财经大学学报，2021（10）：15－29.

[21] 丁鑫．国外财政可持续性评价实践及对我国的启示［J］．财会通讯．2012，（30）：136－138.

[22] 董克用，张栋．高峰还是高原？——中国人口老龄化形态及其对养老金体系影响的再思考［J］．人口与经济，2017（04）：43－53.

[23] 董克用，张栋．人口老龄化高原背景下加快我国养老金体系结构化改革的思考 [J]．新疆师范大学学报（哲学社会科学版），2018 (06)：13－25.

[24] 董克用，郑垚，孙玉栋．我国社会保障体系财政负担预测研究 [J]．新疆师范大学学报（哲学社会科学版），2019 (06)：122－134.

[25] 杜彤伟，张屹山，杨成荣．财政纵向失衡，转移支付与地方财政可持续性 [J]．财贸经济，2019，40 (11)：5－19.

[26] 杜彤伟，张屹山，李天宇．财政竞争，预算软约束与地方财政可持续性 [J]．财经研究，2020，46 (11)：93－107.

[27] 付伯颖．人口老龄化背景下公共财政政策的选择 [J]．地方财政研究，2008 (10)：27－31.

[28] 付春香．可持续发展型财政及其评价指标体系的构建 [J]．统计与决策，2010 (05)：75－77.

[29] 高淑红．人口老龄化的财政负担及对策建议 [J]．地方财政研究，2011 (01)：77－79.

[30] 戈艳霞，王添翼．人口老龄化背景下医保基金可持续发展的风险分析 [J]．中国医疗保险，2021 (2)：20－25.

[31] 龚锋，余锦亮．人口老龄化、税收负担与财政可持续性 [J]．经济研究，2015 (8)：16－30.

[32] 龚锋，余锦亮．人口老龄化与代际财政不平等——基于代际账户核算法的模拟分析 [J]．统计研究，2018，35 (01)：65－74.

[33] 郭庆旺，赵志耘．中国财政赤字的规模与作用 [J]．经济理论与经济管理，2002 (02)：37－43.

[34] 韩玲慧．人口老龄化背景下发达国家社会保障事业面临的财政压力 [J]．经济与管理研究，2013 (06)：47－53.

[35] 赫国胜，柳如眉．少子老龄化、养老金均衡与公共债务危

机——PIIGS 五国的经验与教训 [J]. 中央财经大学学报，2016 (01)：3－15.

[36] 黄春元. 人口老龄化对我国财政稳定性影响的定量解析 [J]. 西北人口，2015 (02)：13－19.

[37] 黄春元，毛捷. 财政状况与地方债务规模——基于转移支付视角的新发现 [J]. 财贸经济，2015 (06)：18－31.

[38] 洪源，李礼. 我国地方政府债务可持续性的一个综合分析框架 [J]. 财经科学，2006 (04)：96－103.

[39] 吉尔克. 人口老龄化下税制结构选择的动态一般均衡分析 [J]. 内蒙古财经大学学报，2015 (06)：24－29.

[40] 贾洪波，赵德慧. 人口老龄化对城镇职工医保基金收支平衡的影响——基于2004～2015年省际面板数据的证据 [J]. 上海经济研究，2017 (10)：38－46.

[41] 贾丽萍. OECD 国家养老保险可持续发展的改革经验及启示 [J]. 经济纵横，2020 (06)：61－70.

[42] 蒋云赟. 我国新型农村养老保险对财政体系可持续性的影响研究——基于代际核算方法的模拟分析 [J]. 财经研究，2011，37 (12)：4－15.

[43] 金成晓，李梦嘉. 金融周期对我国财政可持续性影响研究 [J]. 财政研究，2019 (03)：93－103＋129.

[44] 李建强，朱军，张淑翠. 政府债务何去何从：中国财政整顿的逻辑与出路 [J]. 管理世界，2020，36 (07)：41－55.

[45] 李乐乐. 人口老龄化、消费支出与医疗保险可持续性 [J]. 现代经济探讨，2017 (10)：21－28.

[46] 李美洲，韩兆洲. 非线性财政政策效应下财政赤字可持续性研究 [J]. 统计研究，2007，24 (4)：51－57.

[47] 李通屏等. 人口经济学 [M]. 北京：清华大学出版社，2014.

[48] 李仲生．人口经济学 [M]．北京：清华大学出版社，2006.

[49] 刘方．财政反应系数，税率调整与中国政府可持续债务 [J]．宏观经济研究，2020 (6)：14-25.

[50] 金春雨，王伟强．新常态下我国持续扩大财政赤字是否合理？——基于时变协整模型的实证检验 [J]．经济问题探索，2016 (11)：7-15.

[51] 金春雨，王伟强．我国地方政府财政政策的可持续性研究 [J]．当代经济研究，2018 (07)：76-83.

[52] 李丹，方红生．中国居民储蓄、财政空间与政府债务可持续性 [J]．世界经济，2021，44 (06)：27-49.

[53] 李丹，庞晓波，方红生．财政空间与中国政府债务可持续性 [J]．金融研究，2017 (10)：5-21.

[54] 李辉文．中国公共债务与财政可持续性分析——基于结构突变 BP 法的实证结果 [J]．经济问题，2013 (11)：88-91.

[55] 李建军，王鑫．地方财政可持续性评估——兼论税收分权能否提升地方财政可持续性 [J]．当代财经，2018 (12)：39-49.

[56] 李晶．促进人口老龄化与社会经济协调发展的财税政策研究 [J]．宏观经济研究，2013 (01)：17-26.

[57] 李亮，徐怡．欧盟财政可持续性评估经验及对我国的启示 [J]．地方财政研究，2022 (02)：100-112.

[58] 李实，吴凡，徐晓静．中国城镇居民养老金收入差距的变化 [J]．劳动经济研究，2020，42 (05)：3-21.

[59] 梁文莉，岳红举．预算平衡的制度困境与财政可持续优化路径 [J]．地方财政研究，2022 (01)：72-79.

[60] 刘安长．基于减税降费政策的财政可持续性问题研究 [J]．学习与实践，2019 (04)：5-15.

[61] 刘富华，吴近平．减税降费，财政分权与地方财政可持续

性——基于西部A地区的实证研究［J］．四川轻化工大学学报（社会科学版），2020（06）：59－76.

［62］刘国艳等．积极财政政策转型与财政可持续性研究［M］．北京：经济科学出版社，2011.

［63］刘建国，孙勤英．人口老龄化对地方财政可持续性的影响——基于世代交叠模型及中国市级面板数据的经验分析［J］．财政科学，2019（06）：70－80.

［64］刘建民，薛妍，刘嘉意．数字经济对地方财政可持续性的影响研究：基于"本地—邻地"视角［J］．湖南大学学报（社会科学版），2021，35（06）：46－56.

［65］刘吕吉，李桥，张馨丹．人口结构变迁与财政社会保障支出水平研究——基于省级面板数据的实证分析［J］．贵州财经大学学报，2014，32（04）：91－97.

［66］刘穷志，何奇．人口老龄化、经济增长与财政政策［J］．经济学季刊，2012（04）：119－134.

［67］刘穷志，芦越．人口老龄化背景下的财政支出与经济增长［J］．行政事业资产与财务，2016，（10）：4－7.

［68］刘雅君．转移支付，预算软约束与我国政府债务可持续性［J］．学习与探索，2020（10）：155－164.

［69］柳如眉，赫国胜．养老金支出水平变动趋势和影响因素分析［J］．人口与发展，2017（01）：30－42.

［70］柳如眉，赫国胜．少子老龄化、养老金均衡与参量改革——基于中日韩OLG模型实证分析［J］．人口学刊，2018（06）：98－111.

［71］刘尚希．财政风险：防范的路径与方法［J］．财贸经济，2004（12）：29－34.

［72］刘尚希．中国财政风险的制度特征："风险大锅饭"［J］．管理世界，2004（05）：45－50＋55.

[73] 刘孝斌，钟坚．中国会爆发公共债务危机吗——基于财政可持续性条件视角［J］．广东财经大学学报，2018，33（06）：43－57.

[74] 刘孝斌，钟坚．预算赤字，经济增长与财政可持续性——门槛协整检验的实证分析［J］．统计与决策，2019（19）：127－130.

[75] 鲁蓓．二孩政策、人口老龄化和财政社会福利支出预测［J］．劳动经济研究，2016（03）：103－118.

[76] 罗淳．对“人口老龄化”之说的几点质疑［J］．人口研究，2001，25（6）：16－21.

[77] 罗航．中国地方政府财政收支可持续性的面板协整分析［J］．经济与管理研究，2009（12）：86－90.

[78] 吕冰洋，李钊．疫情冲击下财政可持续性与财政应对研究［J］．财贸经济，2020，41（06）：5－18.

[79] 马拴友．中国公共部门债务和赤字的可持续性分析——兼评积极财政政策的不可持续性及其冲击［J］．经济研究，2001（08）：15－24.

[80] 马万里．中国地方政府隐性债务扩张的行为逻辑——兼论规范地方政府举债行为的路径转换与对策建议［J］．财政研究，2019（8）：60－71＋128.

[81] 马宇，王群利．人口老龄化对政府债务风险影响的实证研究——基于20个发达国家动态面板数据的分析［J］．国际金融研究，2015（05）：48－57.

[82] 莫龙．1980～2050年中国人口老龄化与经济发展协调性定量研究［J］．人口研究，2009（03）：10－19.

[83] 莫龙．中国的人口老龄化经济压力及其调控［J］．人口研究，2011（06）：29－44.

[84] 潘美丽．最优铸币税，通货膨胀与财政可持续性研究

[J]. 商业研究, 2020 (7): 72-80.

[85] 庞晓波, 李丹. 中国政府债务风险与财政政策空间——兼论财政缓冲重建调整导向 [J]. 21 世纪数量经济学 (第 17 卷), 2016.

[86] 裴育, 史梦昱. 江苏省公共养老服务改善与财政可持续发展研究 [J]. 南京审计大学学报, 2017, 14 (03): 1-10.

[87] 齐红倩, 杨燕, 刘岩. 人口结构变动对我国地方财政负担的影响 [J]. 经济问题探索, 2021 (05): 17-25.

[88] 秦宝宝. 地方政府债务的可持续性及其化解研究 [J]. 新金融. 2019 (09): 24-29.

[89] 沈坤荣, 余红艳. 地方公共政策的结构效应——基于人口老龄化视角的分析 [J]. 经济理论与经济管理, 2013 (12): 5-13.

[90] 沈雨婷. 财政分权与晋升激励对地方政府债务影响研究 [J]. 甘肃社会科学, 2019 (01): 172-178.

[91] 孙正. 地方政府政绩诉求、税收竞争与财政可持续性 [J]. 经济评论, 2017 (04): 17-31.

[92] 孙正. 金融生态、信贷资金配置与财政可持续性 [J]. 山西财经大学学报, 2017 (04): 54-64.

[93] 孙正. 中国人口结构变迁与财政可持续性研究 [J]. 大连理工大学学报 (社会科学版), 2020 (03): 55-66.

[94] 唐文进, 苏帆, 彭元文. 财政疲劳, 储备渠道与中国政府债务上限的测算 [J]. 财经研究, 2014 (10): 18-31.

[95] 唐祥来, 孔娇娇. 地方财政可持续性实证检验: 江苏 1995~2010 [J]. 经济与管理评论, 2014 (01): 72-77.

[96] 田月红, 赵湘莲. 人口老龄化、延迟退休与基础养老金财务可持续性研究 [J]. 人口与经济, 2016 (01): 39-49.

[97] 童玉芬, 刘广俊. 北京市人口老龄化及对社会保障支出的影响 [J]. 人口与发展, 2008 (04): 16-22.

[98] 王冰．地方财政可持续发展指标体系实证研究 [J]．海南金融．2012，(07)：22－26.

[99] 王德祥，雷蕾．我国中等城市财政运行的可持续分析——基于106个地级市2003～2013年的数据 [J]．财经论丛，2016 (11)：29－36.

[100] 王涛，高珂，李丽珍．基于财政可持续性视角的地方政府隐性债务治理研究 [J]．当代经济管理，2019，41 (12)：63－75.

[101] 王学凯．中国政府债务可持续性研究——基于E29的财政反应函数 [J]．国际金融研究，2016 (08)：38－47.

[102] 王云多．人口老龄化对公共养老金制度的影响 [J]．内蒙古社会科学（汉文版)，2017 (05)：166－172.

[103] 王云多．人口老龄化、公共财政支出偏向与人力资本增长 [J]．湖南师范大学社会科学学报，2019 (09)：79－86.

[104] 魏瑾瑞，夏宁潞，陈子昂．老龄化、延迟退休与财政可持续性 [J]．统计研究，2018，35 (10)：83－90.

[105] 温忠麟，张雷，侯杰泰等．中介效应检验程序及其应用 [J]．心理学报，2004，36 (05)：614－620.

[106] 武静，聂华．重庆市人口老化对政府财政支出的影响 [J]．中国人口·资源与环境，2014 (S1)：192－195.

[107] 武玉坤．我国地方财政可持续发展研究 [J]．统计与决策，2011 (15)：144－146.

[108] 谢冰．“十四五”时期我国财政可持续发展的路径选择 [J]．经济研究参考，2020 (12)：55－67.

[109] 杨爱云，李文英，王晓云．人口老龄化对财政风险的影响研究 [J]．西部金融，2017 (2)：81－84.

[110] 杨默如，李平．积极应对人口老龄化的税收政策研究 [J]．税务研究，2008 (05)：84－86.

[111] 杨胜刚，朱琦. 人口结构，居民可支配收入和社会基本养老保险基金收入 [J]. 江西财经大学学报，2011 (04)：51-57.

[112] 杨胜利，高向东. 人口老龄化对社会保障财政支出的影响研究 [J]. 西北人口，2012 (03)：19-24.

[113] 杨雪，侯力. 我国人口老龄化对经济社会的宏观和微观影响研究 [J]. 人口学刊，2011 (04)：46-53.

[114] 杨宇，沈坤荣. 中国财政可持续性与政府最优融资策略——基于1978~2009年数据的实证分析 [J]. 制度经济学研究，2011 (01)：145-167.

[115] 杨中新. 中国人口老龄化与区域产业结构调整研究 [M]. 北京：社会科学文献出版社，2005.

[116] 姚东旻，王东平，陈珏宇. 中国财政可持续性研究——基于财政缺口的视角 [J]. 中央财经大学学报，2013 (5)：6-13.

[117] 姚金海. 人口老龄化，养老金收支缺口与财政风险的传导与化解——以A市为例的一项实证研究 [J]. 管理评论，2016 (04)：63-73，123.

[118] 姚静，李爽. 中国人口老龄化的特点、成因及对策分析 [J]. 人文地理，2000 (05)：24-29.

[119] 应益华. 财政可持续性评估与政府会计改革研究 [J]. 财会月刊，2020 (24)：77-85.

[120] 余珊. 我国财政可持续性评估体系构建研究 [M]. 北京：中国财政经济出版社，2018.

[121] 余永定. 财政稳定问题研究的一个理论框架 [J]. 世界经济，2000 (06)：3-12.

[122] 原新，高瑗，李竞博. 人口红利概念及对中国人口红利的再认识——聚焦于人口机会的分析 [J]. 中国人口科学，2017 (06)：19-31+126.

[123] 曾益，李姝，张冉等. 门诊共济改革，渐进式延迟退休

年龄与职工医保基金可持续性——基于多种方案的模拟分析［J］. 保险研究，2021（04）：91－105.

［124］张春霖. 如何评估我国政府债务的可持续性？［J］. 经济研究，2000（02）：66－71.

［125］张德勇，刘家志. 新冠肺炎疫情冲击下地方财政可持续发展的挑战与对策［J］. 财政监督，2020（08）：5－11.

［126］张东玲，何洲娥. 新常态下地方财政可持续发展研究［J］. 公共财政研究，2017（1）：49－61.

［127］张金清，聂雨晴. 中国地方政府债务违约风险评估——基于债务可持续性分析框架［J］. 南方经济，2020（11）：13－27.

［128］张宁. 地方财政风险及其影响因素研究：基于财政脆弱性视角［J］. 金融与经济，2017（05）：8－13＋31.

［129］张鹏飞，苏畅. 人口老龄化、社会保障支出与财政负担［J］. 财政研究，2017（12）：35－46.

［130］张庆君，苏明政，郜亮亮. 人口结构变迁、老龄化及其对养老保险可持续支付能力的影响——基于省际门限面板模型的实证分析［J］. 云南财经大学学报，2014（01）：76－83.

［131］张荣. 少子老龄化背景下我国养老金收支失衡问题及对策研究——以辽宁省为例［J］. 经济经纬，2017（04）：159－164.

［132］张士斌，杨黎源，张天龙. 债务危机背景下的老龄化成本与公共财政困境——基于日本和欧美国家比较的视角［J］. 现代日本经济，2012（05）：59－68.

［133］张天芳，王林，吕王勇. 人口老龄化与社会保障支出的动态关系［J］. 统计与决策，2006（22）：80－81.

［134］张翕. 人口老龄化与财政可持续性建设：基于国际比较视角［J］. 劳动经济研究，2021，9（02）：26－51.

［135］张心洁，周绿林，曾益. 生育政策调整对城乡居民医疗保险财政负担的影响研究［J］. 财政研究，2017（10）：76－91.

[136] 张新平. 我国财政可持续发展评估指标体系的构建 [J]. 生态经济, 2000 (11): 4-7.

[137] 张旭涛. 基于 FTPL 的中国财政可持续性研究 [J]. 中南财经政法大学学报, 2011 (9): 85-89.

[138] 张学诞, 李娜. 减税降费与财政可持续性: 一个分析矩阵 [J]. 财政科学, 2019 (10): 61-68.

[139] 张学诞, 李娜. 减税, 经济增长与财政可持续性——来自地方债务水平的证据 [J]. 财贸研究, 2020, 31 (10): 41-51.

[140] 赵斌, 原浩爽. 我国基础养老金财务平衡与可持续性分析——基于财政合理支付视角 [J]. 财经科学, 2013 (07): 38-46.

[141] 赵文哲, 杨其静, 周业安. 不平等厌恶性, 财政竞争和地方政府财政赤字膨胀关系研究 [J]. 管理世界, 2010 (01): 44-53.

[142] 周茂荣, 骆传朋. 欧盟财政可持续性的实证研究 [J]. 世界经济研究, 2006 (12): 69-74.

[143] 朱德云, 王素芬. 人口老龄化对地方政府债务可持续性影响研究 [J]. 财政研究, 2021 (04): 76-89.

[144] 朱军, 聂群. 跨期预算约束条件下中国财政可持续性研究 [J]. 中南财经政法大学学报, 2014 (05): 51-58.

[145] 朱墨蕤, 严明义. 人口老龄化与财政支出结构——基于中国经验的 SD 分析 [J]. 统计与信息论坛, 2019 (11): 50-58.

[146] 庄佳强. 新格局下县域政府债的规模、结构与可持续性 [J]. 财政监督, 2021 (18): 17-23.

[147] Adams C, Ferrarini B, Park D. Fiscal sustainability in developing Asia [J]. Asian Development Bank Economics Working Paper Series, 2010 (205).

[148] Afonso A, Rault C. What do we really know about fiscal sus-

tainability in the EU? A panel data diagnostic [J]. Review of World Economics, 2010, 145 (04): 731 -755.

[149] Afonso A, Jalles J T. Fiscal Sustainability: a Panel Assessment for Advanced Economies [J]. Applied Economics Letters, 2015, 22 (11): 925 -929.

[150] Agulnik P, Cardarelli R, Sefton J. The pensions green paper: a generational accounting perspective [J]. The Economic Journal, 2000, 110 (467): 598 -610.

[151] Aldama, P, Creel, J. Why fiscal regimes matter for fiscal sustainability: An application to France [J]. Paris School of Economics Working Paper, 2017.

[152] Andersen T M. Fiscal Sustainability and Demographics - Should We Save or Work More? [J]. Journal of Macroeconomics, 2012, 34 (02): 264 -280.

[153] Aslanli K. Fiscal sustainability and the State Oil Fund in Azerbaijan [J]. Journal of Eurasian Studies, 2015, 6 (02): 114 -121.

[154] Auerbach A J, Gokhale J, Kotlikoff L J. Generational accounts: A meaningful alternative to deficit accounting [A]. Bradford D. Tax Policy and the Economy [C]. Cambridge: MIT Press, 1991.

[155] Auerbach A J. Sources of the Long Term Fiscal Gap [J]. Tax Notes, 2004 (103): 1049 -1059.

[156] Barnhill T M, Kopits G. Assessing Fiscal Sustainability under Uncertainity [J]. IMF Working Paper, 2003.

[157] Baron R M, Kenny D A. The moderator - mediator variable distinction in social psychological research: conceptual, strategic and statistical considerations [J]. Journal of Personality and Social Psychology, 1986, 51 (06): 1173 -1182.

[158] Bird RM. Fiscal Flows, Fiscal Balance, and Fiscal Sustain-

ability [J]. International Center for Public Policy Working Paper Series, 2003.

[159] Blanchard O J, Chouraqui J C, Hagemann R, et al. The sustainability of fiscal policy: New answers to an old question [J]. OECD Economic Studies, 1990 (15): 7 -36.

[160] Bogetic Z, Onder H, Onal A, et al. Fiscal policy issues in the aging societies [R]. Macroeconomics and Fiscal Management Discussion Paper Series, 2015.

[161] Bohn H. The sustainability of budget deficits in a stochastic economy [J]. Journal of Money, Credit and Banking, 1995 (27): 257 -271.

[162] Bohn H. The behavior of US public debt and deficits [J]. Quarterly Journal of economics, 1998, 113 (3): 949 -963.

[163] Braun R A, Joines D H. The implications of a graying Japan for governmentpolicy [J]. Journal of Economic Dynamics and Control, 2015 (57): 1 -23.

[164] Buiter W H, Minford P P. A Guide to Public Sector Debt and Deficits [J]. Economic Policy, 1985 (1): 13 -79.

[165] Castro G, Maria J R, Félix R M, et al. Aging and fiscal sustainability in a small euro area economy [J]. Macroeconomic Dynamics, 2017, 21 (07): 1673 -1705.

[166] Cho S, Kim J R. Population Aging in Korea: Implications for Fiscal Sustainability [J]. Seoul Journal of Economics, 2021, 34 (2): 237 -264.

[167] Clements B, Dybczak K, Gaspar V, et al. The Fiscal Consequences of Shrinking and Ageing Populations [J]. Ageing International, 2018 (43): 391 -414.

[168] Colin C, Brys B. Population ageing and sub - central govern-

ments: long - term fiscal challenges and tax policy reform options [J]. OECD Working Papers on Fiscal Federalism, 2019.

[169] Dolls M, Doorley K, Paulus A, et al. Fiscal Sustainability and Demographic Change: A Micro Approach for 27 EU Countries [J]. International Tax and Public Finance, 2017 (24): 575 - 615.

[170] Domar, E D. The burden of the debt and the national income [J]. American Economic Review, 1944 (06): 798 - 827.

[171] Duncan D, Ross J M, Mikesell J L. Can the federal budget process promote fiscal sustainability? evidence from synthetic control using lasso [J]. SSRN Electronic Journal, 2019.

[172] Gabriel V J, Sangduan P. Assessing fiscal sustainability subject to policy changes: a Markov switching cointegration approach [J]. Empirical Economics, 2011, 41 (2): 371 - 385.

[173] Ghosh A R, Kim J I, Mendoza E G, et al. Fiscal Fatigue, Fiscal Space and Debt Sustainability in Advanced Economies [J]. The Economic Journal, 2013, 123 (566): 4 - 30.

[174] Giammarioli N, Nickel C, Rother P, et al. Assessing fiscal soundness: theory and practice [J]. ECB Occasional Paper, 2007 (56): 153 - 170.

[175] Gruen D, Spender D. A Decade of Intergenerational Reports: Contributing to Long - Term Fiscal Sustainability [J]. Australian Economic Review, 2012, 45 (3): 327 - 334.

[176] Hansen B. Threshold effects in non - dynamic panels: Estimation, testing, andinference [J]. Journal of Econometrics, 1999, 93 (2): 345 - 368.

[177] Hamilton J D, Flavin M A. On the limitations of government borrowing: A framework for empirical testing [J]. American Economic Review, 1986 (4): 808 - 819.

［178］ Heer B，Polito V，Wickens M R. Population Aging，Social Security and Fiscal Limits ［J］. Journal of Economic Dynamics & Control，2020（4）：145 －178.

［179］ Hofer H，Url T. Growth effects of age － related productivity differentials in an aging society：a simulation study for Austria ［J］. Population and Development Review，2008（34）：275 －297.

［180］ Honda J，Miyamoto H. Would Population Aging Change the Output Effects of Fiscal Policy？［R］. IMF Working Paper，2020.

［181］ Liang L L，Mirelman A J. Why do some countries spend more for health？An assessment of sociopolitical determinants and international aid for government health expenditures ［J］. Social Science & Medicine，2014，114：161 －168.

［182］ Liu B，Yang Z. Population aging shock and fiscal sustainability in china：Mechanism analysis and effectsimulation ［J］. The Singapore Economic Review，2021，66（06）：1687 －1708.

［183］ Ma C，Tran C. Fiscal space under demographicshift ［J］. Proceedings of the ANU Working Papers in Economics and Econometrics，2016，264：2.

［184］ MacKinnon D P，Lockwood C M，Hoffman J M，et al. A Comparison of Methods to Test Mediation and Other intervening Variable Effects ［J］. Psychological Methods，2002，7（01）：83 －104.

［185］ Manthei G，Bernd Raffelhüschen. Migration and Long － Term Fiscal Sustainability in Welfare Europe：A Case Study ［J］. Finanzarchiv Public Finance Analysis，2018，74（04）：446 －461.

［186］ Melina G，Yang S，Zanna L F. Debt sustainability，public investment，and natural resources in developing countries：The DIGNAR model ［J］. Economic Modelling，2016（52）：630 －649.

［187］ Minchung H，Yamada T. Population Aging，Health Care，

and Fiscal Policy Reform: The Challenges for Japan [J]. Scandinavian Journal of Economics, 2019, 121 (02): 547 -577.

[188] Narayana M R. Impact of population ageing on sustainability of India's current fiscal policies: A Generational Accounting approach [J]. Journal of the Economics of Ageing, 2014 (3): 71 -83.

[189] Nishiyama S. Fiscal policy effects in a heterogeneous - agent OLG economy with an aging population [J]. Journal of Economic Dynamics and Control, 2015 (07): 26 -58.

[190] Oguro K. Challenges confronting Abenomics and Japanese public finance - fiscal consolidation must start by squarely facing reality [J]. Public Policy Review, 2014 (10): 301 -318.

[191] Ostry J D, Ghosh A R, Kim J I, et al. Fiscal Space [R]. IMF Staff Position Notes, 2010.

[192] Park SG. Quantifying Impact of Aging Population on Fiscal Space [J]. IMF Working Papers, 2012.

[193] Potrafke N, Reischmann M. Fiscal transfers and fiscal sustainability [J]. Journal of Money, Credit and Banking, 2015, 47 (5): 975 -1005.

[194] Quintos, Carmela E. Sustainability of the Deficit Process With Structural Shifts [J]. Journal of Business & Economic Statistics, 1995, 13 (04): 409 -417.

[195] Rose S. Institutions and Fiscal Sustainability [J]. National Tax Journal, 2010 (04): 807 -838.

[196] Rouzet, Sánchez, Renault T, et al. Fiscal challenges and inclusive growth in ageing societies [J]. OECD Economic Policy Papers, 2019.

[197] Shevchuk V, Kopych R. Assessing fiscal sustainability in Ukraine: TVP and VAR/VEC approaches [J]. Entrepreneurial Business

and Economics Review, 2018, 6 (3): 73 -87.

[198] Trehan B. Walsh C. E. Common trends, the government's budget constraint and revenue smoothing [J]. Journal of Economic Dynamics & Control, 1988 (12): 425 -444.

[199] Vlasov S. Analysis of Russia's fiscal sustainability under the new fiscalrules [J]. Institute for Economies in Transition, 2013.

[200] Wilcox D W. The Sustainability of Government Deficits: Implications of the Present - Value Borrowing Constraint [J]. Journal of Money Credit and Banking, 1989 (3): 291 -306.

[201] Xu, Ghezzi. From Fundamentals to Spreads: A Fair Spread Model for High Yield Emerging Markets Sovereigns [J]. Deutsche Bank Global Market Research, 2003.

[202] Yanagita T, Hutahaean P. Maintenance of the fiscal sustainability, Chapter 4 [J]. Handbook of Fiscal Analysis, Agency of Fiscal Analysis, Ministry of Finance, the Republic of Indonesia, 2002.